陕西省社会科学基金项目(2017K016)结项成果

《说苑》复音词研究

高红娜 著

SHUOYUAN
FUYINCI YANJIU

陕西师范大学出版总社 西安

图书代号　SK23N1824

图书在版编目（CIP）数据

《说苑》复音词研究／高红娜著．—西安：陕西师范大学出版总社有限公司，2023.7
　ISBN 978-7-5695-3507-5

　Ⅰ.①说… Ⅱ.①高… Ⅲ.①《说苑》—复音字—研究　Ⅳ.①H121

中国国家版本馆CIP数据核字（2023）第012090号

《说苑》复音词研究
《SHUOYUAN》FUYINCI YANJIU

高红娜　著

出 版 人	刘东风
责任编辑	陈君明
责任校对	马凤霞
封面设计	张潇伊
出版发行	陕西师范大学出版总社
	（西安市长安南路199号　邮编 710062）
网　　址	http://www.snupg.com
印　　刷	西安市建明工贸有限责任公司
开　　本	880 mm×1230 mm　1/32
印　　张	9
插　　页	2
字　　数	160千
版　　次	2023年7月第1版
印　　次	2023年7月第1次印刷
书　　号	ISBN 978-7-5695-3507-5
定　　价	58.00元

读者购书、书店添货或发现印刷装订问题，请与本公司营销部联系、调换。
电话：（029）85307864　85303629　传真：（029）85303879

目 录

绪　　论 001

第一章　《说苑》复音词结构分析 019

第一节　复音词的确定 019

第二节　单纯复音词 022

第三节　联合式复音词 026

第四节　偏正式复音词 049

第五节　其他复音词 063

第二章　《说苑》复音词中的新词新义 088

第一节　《说苑》中的新词 091

第二节　《说苑》中的新义 126

第三节　新词新义产生的动因和途径 140

第三章 《说苑》复音词中的同素异序词 162

第一节 古汉语同素异序词研究概况 162
第二节 《说苑》同素异序词结构与语义分析 166
第三节 《说苑》同素异序词演变个案研究 173
第四节 同素异序词的演变机制 262

总　　结 267

参考文献 273

绪　　论

专书的词汇研究是汉语语言学本体研究的基础。周祖谟曾说过："要研究词汇的发展，避免纷乱，宜从断代开始，而又要以研究专书做为出发点。"[①]王力也提到："我常常鼓励同志们编写各种专书词典。"[②]受他们影响，之后很多学者也都比较重视专书词汇的研究。"要建立详实的汉语词汇史，有待于断代词汇的研究，又有待于专书词汇的研究。"[③]专书研究充分重视第一手资料，大多先进行穷尽性的调查分析，运用计量语言学的方法，在定量分析的基础上做定性分析和确切统计，因此对材料的分析更加细致，对材料的发掘也更深入，得出的结论自然也更有说服力。所以专书研究是

---

① 周祖谟.吕氏春秋词典·序［M］//张双棣，殷国富，陈涛.吕氏春秋词典.济南：山东教育出版社，1993.

② 向熹.诗经词典·序［M］//向熹.诗经词典.成都：四川人民出版社，1997：1.

③ 韩陈其.汉语词汇论稿［M］.南京：江苏古籍出版社，2002：387.

一种符合汉语史研究的非常得力的方法。

在汉语史的研究当中，先秦两汉时期的汉语研究是非常重要的一部分。这一时期是汉语发展的源头，"弄清楚这一时期语言的状况，才能够更好地下推后世的语言变迁。就这个意义上说，研究这个阶段的汉语，不仅有很大的实践意义，还有重要的理论方面的意义"[①]。目前来说，汉语史的研究，对先秦传世典籍下的功夫较多，而对两汉时期的语言研究还不是很多，也不够深入，总体上还比较薄弱。

一、两汉专书词汇研究概述

中国语言学史的分期问题，在学界还有一些争议。吕叔湘认为可以分为三期：古代汉语、近代汉语、现代汉语；王力则把汉语史分为上古、中古、近代、现代四个时期；还有一些学者认为可以分为五期。尽管各位学者的分期标准与结果不尽相同，但无论是将两汉汉语划入上古汉语，还是把西汉与东汉拆分开，将西汉归入上古汉语，东汉划归中古汉语，都不可否认两汉时期是汉语由上古向中古过渡的一个关键时期。

两汉时期，也就是西汉和东汉时期，指的是西汉元年

---

① 赵振铎.论先秦两汉汉语[J].古汉语研究，1994（3）：1.

（前202）到东汉末年（220）共四百多年的时间。研究两汉时期的汉语，就离不开两汉时的语料。两汉时期词汇的整体面貌的建立，有赖于两汉时代的专书词汇研究来夯实基础。"两汉与周秦一脉相承，是中国文献典籍大量产生的文化繁荣时代。经过历史长河的冲刷淘汰，能够在浩如烟海的典籍中凸显出来的文献，必然有它们更大的值得珍视的价值。"[1]

自20世纪以来，不少学者都对两汉汉语或多或少给予了重视，并进行了一些研究，也取得了不少的成果。据初步统计，涉及两汉汉语专书研究的专著有十余部，论文近八百篇，研究内容涉及史书、笔记小说、佛道典籍、医术古籍等。概括起来，两汉汉语的专书词汇研究可以分为四大类。

第一类主要是对词义方面的研究，包括同义词、反义词、常用词的词义演变等。如池昌海的《〈史记〉同义词研究》[2]、徐正考的《〈论衡〉同义词研究》[3]、于飞的《两汉常用词研究》（吉林大学博士论文，2008）、汪梅枝的《〈论衡〉反义聚合研究》（山东大学博士论文，2006）、冯蒸的《〈说文〉同义词研究》[4]。这一类研究比较多，主要是对专书中词义系统的研究。

---

[1] 王宁.《方言》与两汉语言研究丛书·序[M].北京：高等教育出版社，2011.

[2] 池昌海.《史记》同义词研究[M].上海：上海古籍出版社，2002.

[3] 徐正考.《论衡》同义词研究[M].北京：中国社会科学出版社，2004.

[4] 冯蒸.《说文》同义词研究[M].北京：首都师范大学出版社，1995.

第二类是对词的分类研究，包括词类研究和构词研究。如李爱红《〈盐铁论〉虚词研究》（华东师范大学博士论文，2006）、谢文乾《从〈论衡〉看古汉语词类活用产生的原因》①、牛彦慧《〈淮南子〉形容词研究》（西北师范大学硕士论文，2010）、路广《〈法言〉词类研究》（华东师范大学博士论文，2006）、黄建宁《〈太平经〉中的同素异序词》②、于为《〈吴越春秋〉支配式复音词研究》③等。这一类主要是研究词的语法分类，就某一类词研究它的语法功能以及构词的方式（主要是复音词的构词）。在这一类论文中，从语法角度研究复音词的较多，对虚词的研究也不少，从语义方面研究复音词的论文在逐渐增多，但相关成果还不是特别多。

第三类是对词语的考释研究，也就是对两汉时期各种文献中的词语进行考释。如柏丽洁《〈史记〉词语考释几则》④、赵继宁《〈史记〉天官书考释》（武汉大学博士论文，2010）、贾世琼《〈潜夫论〉词语考释》⑤、徐山《〈潜

---

① 谢文乾.从《论衡》看古汉语词类活用产生的原因[J].兴义民族师范学院学报，2012（5）.

② 黄建宁.《太平经》中的同素异序词[J].四川师范大学学报（哲学社会科学版），2001（1）.

③ 于为.《吴越春秋》支配式复音词研究[J].吉林省教育学院学报.2009（1）.

④ 柏丽洁.《史记》词语考释几则[J].语文学刊，2008（5）.

⑤ 贾世琼.《潜夫论》词语考释[J].语文知识，2010（4）.

夫论〉词语考释六则》[1]等。这方面的研究较多，覆盖面也较广，《史记》《论衡》《汉书》《潜夫论》《吴越春秋》以及佛经等汉代文献都有涉及。

第四类是对俗语、成语、方言词、外来词的研究。如黄懋颐《〈史记〉与汉语成语》[2]、俞理明《〈太平经〉中的汉代熟语》[3]、刘君惠《扬雄〈方言〉研究》[4]。这方面的研究有的散见于专著中，如《〈扬雄集〉词汇研究》（华东师范大学博士论文，2006）第三章专门研究了《扬雄集》中的成语。

除此之外，两汉专书词汇研究还有辞书编撰等其他方面的研究，因为与本书关系不大，在此不做赘述。

综上所述，两汉时期语料丰富，词汇研究涉及面广，但在对汉代传世文献的研究中，目前专书词汇研究很不均衡，研究成果主要涉及《史记》《汉书》《淮南子》《论衡》等少数典籍。例如截至目前，关于《史记》词汇的研究，有专著2部，知网上可检索到的学位论文26篇，期刊论文118篇，仅同义词一项就有管锡华、池昌海、吴国忠、夏南强、王其和等好几位学者进行了研究，成果有4篇学位论文、11篇

---

[1] 徐山.《潜夫论》词语考释六则[J].北京青年政治学院学报，2002（2）.

[2] 黄懋颐.《史记》与汉语成语[J].南京大学学报（哲学·人文科学·社会科学），1983（2）.

[3] 俞理明.《太平经》中的汉代熟语[J].西南民族大学学报（哲学社会科学版），2001（2）.

[4] 刘君惠.扬雄方言研究[M].成都：巴蜀书社，1992.

期刊论文和1部专著。对《论衡》《淮南子》等的专书研究也很多，研究内容也有重复。而有一些典籍，对其所做的研究还不是很多，例如有关《法言》的词汇研究的论文一共只有7篇，而且其中有2篇硕士论文题目都是《〈法言〉复音词研究》。要求得汉代词汇全貌，需要尽可能多地对汉代传世文献进行专书词汇研究。《说苑》作为汉代流传至今的一部重要文献，对它的词汇研究目前虽有论文涉及，但并不是很多，也不够深入。

汉语词汇从以单音节词为主发展到以复音词为主是一个长期的过程。早在先秦时期汉语词汇就已经出现了复音化倾向。汉朝是社会经历了动荡和变化之后建立的大一统王朝。在相对稳定的两汉时期，汉语在不断地发展，体现在汉语词汇中，一个重要特征就是复音词的数量迅速增多。两汉时期的复音词研究，在词语考释、构词方式研究、专书复音词研究等方面都取得了一定的成果，其中比较有代表性的成果有程湘清的《〈论衡〉复音词研究》、李仕春的《〈战国策〉复音词的统计与研究》、刘志生的《东汉碑刻复音词研究》等等。

本书主要以《说苑》中的复音词为材料进行相关研究。这是了解两汉词汇全貌的基础工作，希望能为两汉词汇研究尤其是复音词研究稍做一点贡献。

二、《说苑》研究概况与写作缘起

（一）刘向与《说苑》

刘向，是西汉末期继董仲舒、司马迁之后著名的儒家学者，其思想以儒学为主，同时熔道、法、阴阳家等各家思想于一炉。他对天道、人道、历史、社会政治以及人生问题都有深刻的思考，提出了不少真知灼见。他在经学、史学、文学、文献学等方面都取得了很高的成就。他还主持了中国文化史上的浩大工程——以光禄大夫的身份主持校理皇家图书，他的儿子刘歆担任助手。这是中国历史上第一次大规模的典籍整理，影响深远。刘向不间断地工作了十九年，卒于任上。余嘉锡在《古书通例·叙刘向之校雠编次》中说："使后人得见周、秦诸子学说之全者，向之力也。"①

刘向一生著述很多，有《洪范·五行传论》11卷（残存）、《五经通义》9卷（残存）、《五经要义》5卷（残存）、《别录》20卷（残存）、《列女传》7卷（存）、《新序》30卷（存10卷）、《说苑》20卷（存）、《刘向说老子》4篇（亡）等，还有汉赋作品33篇（今残存《九叹》等数篇）。《新序》《说苑》《列女传》这三部体例相当，被认为是魏晋小说的先导。《新序》略早于《说苑》，但原30卷仅存10卷；《列女传》原书篇目仍有争议，且主要记

---

① 余嘉锡.古书通例[M].上海：上海古籍出版社，1985：98.

述有代表性的各类女性人物，在内容上有一定局限性。只有《说苑》一书不但留下了刘向本人的《叙录》，而且现存内容相对完整，所以无论在体例还是内容方面都更值得关注。

《说苑》一书是刘向在校书时根据皇家所藏和民间流行的书册资料加以选择、加工、整理的颇具故事性的杂著类编，也是其最重要的代表作之一。全书共20卷，分别为《君道》《臣术》《建本》《立节》《贵德》《复恩》《政理》《尊贤》《正谏》《敬慎》《善说》《奉使》《权谋》《至公》《指武》《谈丛》《杂言》《辨物》《修文》《反质》，每卷的标题即为该卷的主旨。除了第一卷《君道》以外，其他19卷卷首均有刘向撰写的总论性话语，卷中用历史典故等实例阐述其卷首的观点。书中有许多寓意深刻的故事，也汇集了很多珍贵的史料，历来被文献学者所重视，但其语言特色尤其词汇面貌还未引起足够的重视。

（二）《说苑》的语料价值

语料，也就是语言材料，是语言研究得以开展的依据。语料讲究求真，也只有真实的语料，才能得出真实的语言结构规律。不过，中国历史悠久，许多著作在流传过程中会有或多或少的脱漏，尤其是先秦两汉时期的古书。所以，在利用这些材料时应该具体问题具体分析，不能一味强调佚失材料的重要性而置大量传世文献于不顾，尤其是那些佚失部分占全书比例较小的传世文献，更应该重视它们的价值。孙钦善在《中国古文献学》里说："对于辑佚意义的估计，不能一概而论，应分别情况，区别对待。对某些文献来说，存佚相较，佚者仅居其次，甚至凤毛麟角，且价值不高，凡此者不应颠倒主次，舍本逐末。"[①]传世文献在流传的过程中，总会或多或少掺入后人的增溢，这是普遍存在的现象。对语料价值的认定，要"看主题，看主流"[②]。

《说苑》一书从汉至唐，史书中的《艺文志》均见著录，但到了宋代有所脱失。宋初王尧臣等编《崇文总目》提到《说苑》："今存者五篇，余皆亡。"此后不久，曾巩整理皇家藏书时搜求到15篇，经过整理大体恢复了原书旧观。不过北宋时期整理的20卷《说苑》相比唐代以前流传的20卷《说苑》，有部分脱漏。刘向的《说苑叙奏》言："凡二十篇，七百八十四章，号曰《新苑》，皆可观。"虽然不排除后代在传抄过程中会对部分章节有所合并，但今本《说苑》只有600多章了。但是总的来看，相较于《说苑》存留的部分，佚失部分毕竟占很小的比例，所以今本《说苑》仍有非常重要的研究价值，它的佚失部分不足以影响整本著作的价值。姚娟在2009年的博士论文《〈新序〉〈说苑〉文献研

---

① 孙钦善.中国古文献学[M].北京：北京大学出版社，2006：201.

② 高小方，蒋来娣.汉语史语料学[M].北京：高等教育出版社，2005：3.

究》中，通过将《新序》《说苑》二书与出土文献[①]相对比，得出的结论是：《说苑》与出土文献相近，文字更原始。同时敦煌石室文献中有《说苑·反质篇》残卷，起自"秦始皇既兼天下"一则，直到卷末，内容与今传本相同，仅有个别文字小异。这是今传本为足本的一个有力证据。

徐建委曾在《〈说苑〉研究》中写道："经曾巩整理和高丽所献第二十卷，北宋刻本基本保留了原本的大部分内容。今本基本上保存了原书的主要结构和大部分内容。因此今本《说苑》可以作为基本反映原本面貌的文献来使用。"[②]所以，《说苑》一书是基本可以真实反映西汉时期语言面貌的语料。

在年代上，《说苑》成书年代基本明确。据《说苑叙录》所言，刘向于鸿嘉四年（前17）将此书献给汉成帝，所以成书应该略早于此。徐复观认为："王应麟在《汉志考证·说苑》条下'鸿嘉四年三月己亥上'……颇为可信。"[③]不少学者也都认可此观点。因此，《说苑》是可以判定明确年代的语料。

在内容上，《说苑》取材广泛，几乎涉及战国秦汉间

[①] 出土文献主要为河北定县八角廊汉简《儒家者言》和安徽阜阳双古堆汉简中的一号木牍、二号木牍、残简《说类杂事》等。

[②] 徐建委.《说苑》研究：以战国秦汉之间的文献累积与学术史为中心[M]. 北京：北京大学出版社，2011：42.

[③] 徐复观. 两汉思想史（第三卷）[M]. 上海：华东师范大学出版社，2001：42.

学术和文化的各个方面，尤其是在生活方面，比一般政论性的文集涉及更广。虽然在文体上有人把《说苑》归入历史散文，有人认为应将其划入杂史别传，但大多数研究者认为《说苑》应是两汉小说的重要组成部分，认为"它是现存汉代具有小说特质的书目之一"[①]。刘向依托前代文献资料，对其进行了语言加工与创作，通过对话、细节描写、对比衬托等艺术手法，塑造了很多鲜明的人物形象，这使得《说苑》的语言与先秦或汉初语言有着明显的差异。比如在先秦时代的《论语》中，学生面称老师时，要称"子"，而在《说苑》中却使用的是"先生"一词。据池昌海（2002）调查，《史记》中"犬""狗"的出现次数比是19∶49，在《说苑》中"犬""狗"出现的比例是9∶25，比例上两书差不多，但《说苑》中"犬"都是与其他语素成词使用，单用的一例都没有，"从《说苑》中这组词的使用情况看，'狗'替换'犬'应该早已完成"[②]。除此之外，还有"头""眼""坐""树""从"等口语词的使用，已与先秦有了明显差异。汪维辉考察了《说苑》一书中的一些基本词、短语以及句式，他认为："（《说苑》）时时有新兴语言成分流注笔端，使我们得以一窥西汉口语的部分面

---

① 王增斌，田同旭.中国古代小说通论综解（上）[M].北京：中国文联出版社，1999.

② 汪维辉.《说苑》与西汉口语[M]//四川大学汉语史研究所.汉语史研究集刊：第十辑.成都：巴蜀书社，2007：26.

貌。""《说苑》是西汉传世文献中一部值得关注的书。"①由此可见,《说苑》一书真实反映了西汉中后期语言的面貌,对其语料的研究有助于了解当时的用语。

最后,在字数上,《说苑》有十余万字,字数充足,也说明其是词汇研究不可多得的材料。

综上所述,《说苑》成书年代确定,今本基本保持了原书的内容,能够反映西汉中后期语言的时代特征,字数充足,有着重要的语料价值和研究价值。《说苑》词汇研究可以为汉代词汇研究添砖加瓦,可以为已有的汉代专书词汇研究成果提供一个印证或起到补充的作用。

(三)《说苑》研究概况

对《说苑》的研究,就笔者目前所了解到的成果而言,大致分为三类:第一类主要是文献研究,侧重于版本源流、版本校勘、校注与译注。在这方面前人做了大量的工作,取得了很大的成就,也为后来的研究提供了材料。《说苑》的校注疏证始于清代,现今可查到的最早的为卢文弨的《说苑校补》。近代研究的也很多,且成果颇丰,有刘文典的《说苑斠补》、向宗鲁的《说苑校证》、赵善诒的《说苑疏证》、左松超的《说苑集证》等。与此同时,相关的译注工

---

① 汪维辉.《说苑》与西汉口语[M]//四川大学汉语史研究所.汉语史研究集刊:第十辑.成都:巴蜀书社,2007:17.

作也得到了很大的重视，取得了一定的成绩，比如卢元骏的《说苑今注今译》，王锳、王天海的《说苑全译》，钱宗武的《白话说苑》，程翔的《说苑译注》，等等。除了著作以外，论文也很多，如肖旭的《〈说苑校证〉校补》一、二、三、四、五。这一类研究在对《说苑》的研究中所占比例很大。侧重于《说苑》的版本源流、文献价值的研究数量不太多，但也占有一定比例，例如徐建委的《刘向〈说苑〉版本源流考》、姚娟的《〈新序〉〈说苑〉文献研究》、刘琳霞《刘向〈说苑〉考论》、杨庄的《〈说苑〉及其相关文献异文的比较研究》、梅军的《〈说苑〉研究》等。

第二类是对《说苑》的语言研究。其实对《说苑》进行真正现代意义上的语言研究起步较晚：21世纪之前，语言学家对《说苑》的研究主要集中于校勘、辑佚、版本源流等方面；进入21世纪后，《说苑》的语料价值才逐渐被认识与发现。对《说苑》的语言进行的研究可以分为两部分。一部分是语法方面的研究，这部分研究成果较多，主要集中在对《说苑》中某一词类或句式的研究。如2002年曲阜师范大学颜丽的《〈说苑〉"其"字研究》与其硕士学位论文《〈说苑〉代词研究》；2006年刘蓓然的《〈说苑〉假设句群的类型及其修辞功能》；2007年颜丽的《〈说苑〉对称代词研究》、山东师范大学田美的硕士学位论文《〈说苑〉疑问句研究》；2008年颜丽的《〈说苑〉指示代词研究》和

《〈说苑〉疑问代词研究》、广西师范大学丘雅的硕士学位论文《〈说苑〉实词转类研究》、朱文豪的《〈说苑〉心理动词同义连用现象考察》；2010年朱文豪的《〈说苑〉心理动词的语法分析》、华中科技大学郭亚丽的硕士学位论文《〈说苑〉双音节动词研究》、山东师范大学韩刚的硕士学位论文《〈说苑〉语气词研究》；2011年阳名强的《〈说苑〉"所"字研究》、辽宁师范大学侯宝英的硕士学位论文《〈说苑〉副词研究》；2014年四川师范大学廖亚君的硕士学位论文《〈说苑〉动词研究》；2015年南昌大学欧阳定湘的《刘向〈说苑〉中的述宾结构研究》；等等。另一部分是词汇方面的研究，主要是对《说苑》中同义词、反义词的研究。可检索到的相关论文有2003年苏州大学陶家骏的《〈说苑〉复音词研究》、2007南昌大学吴艺文的硕士学位论文《〈说苑〉同义词研究》、2008年湘潭大学刘志恒的《〈说苑〉反义词研究》、2009年西北师范大学向小清《〈说苑〉反义词研究》等。

可以看出，对《说苑》的语言进行研究的学者不少，论文数量也不少，研究面涉及语法与词汇，但是还存在着一些问题。首先，语法与虚词研究较多，而实词研究较少，尤其是对名词、形容词的研究仍是空白，且关于复音词的研究也相对较少，仅有几篇文章。其次，在词汇方面研究得还不够深入全面，未出现穷尽性、系统性的词汇研究，比如吴艺文的《〈说苑〉同义词研究》仅选取了23组同义词进行详细辨析。再次，有些研究之间存在很大的差异，如刘志恒的《〈说苑〉反义词研究》，此文中列出的反义词总共有474组，而向小清的《〈说苑〉反义词研究》中列出的反义词总共有644组，相差有170组之多。最后，有关《说苑》一书的复音词词汇研究，描述性的研究较多，历时的发展性的研究较少。研究论文中篇幅最长的是陶家骏的《〈说苑〉复音词研究》。这是一篇硕士学位论文，切分出2084个复音词，按照传统的词性判定方法将切分出的复音词分为动词、名词、形容词等几类，再进一步分析各类词构成语素的词性。文章内容比较简单，许多问题并未涉及，比如新词新义、同素异序词等；还有些问题描述得不全面，如漏掉了综合式复音词等。总之，该文对《说苑》复音词的研究较为简单，按照复音词的几种主要结构分类，偏重从词类词性角度辨析，未能对其他方面进行深入研究与探讨。

除了前两类以外，关于《说苑》还有一些其他方面的研究，包括对《说苑》的主题思想、文学价值、哲学意义等方面的研究，如谢祥娟的《〈说苑〉的成书及其文学价值》、高立梅的《〈说苑〉儒法结合的德刑观》、李德明《论〈说苑〉的人才思想》等。这部分不在本书研究范围之内，故略而不论。

总的来看，目前对《说苑》词汇中的复音词进行的全面综合研究尚显不足，故本书打算就此做比较系统的研究与梳理。

《说苑》版本有十多种，向宗鲁的《说苑校证》参校了各个版本，博采众长，被研究者誉为《说苑》"研究整理的集大成之作，代表了这一领域的最高水平"[①]，所以本书以向宗鲁的《说苑校证》为底本，同时参考了赵善诒的《说苑疏证》、卢元骏的《说苑今注今译》、王锳等的《说苑全译》。首先，在此基础上整理出《说苑》一书的语料，对语料进行穷尽性调查，对其复音词词汇系统进行封闭研究。在判定复音词时，综合学术界各家观点和原则，确立了以意义为中心兼顾结构、频次等因素的标准，共切分出2951组双音节复音词，之后对该书所有的复音词进行归类分析，力求全面而科学地总结出其特点和规律。在复音词中，有一些是新产生的词，有一些则是原有的词产生了新的义项，第二章对新词新义进行了详细论述，并探讨了新词新义产生的途径和动因。同素异序词是复音词中特殊的一类，第三章对《说苑》一书中的同素异序词的概况和个案发展进行了分析，并探讨了同素异序词的淘汰机制。

《说苑》复音词研究属于专书词汇研究，在借鉴前人专书词汇研究的基础上，本书也有所创新。本书具体研究方法如下：

[①] 王锳.《说苑校证》校点献疑[J].安顺师范高等专科学校学报，2005（2）.

第一，定量描写。在研究过程中，本书从共时描写的角度，运用数量统计的方法对《说苑》一书的词汇进行穷尽性地分析统计，整体把握，综合贯通，努力做到详尽描写，同时把定性研究和定量研究相结合。首先以《说苑校证》为底本，同时参考《说苑疏证》，逐字逐句核对。在资料整理和基础研究阶段，充分利用了计算机作为辅助工具，参考纸质资源核对电子文本，在此基础上整理出一个可靠的文本。之后在此文本的基础上逐词逐句地切分，起初将单音词、复音词划分为名词、动词、形容词、副词、连词等几大类，各大类又细分为几小类，例如名词又分为普通名词和专有名词（国名、地名、人名等），动词分为及物动词与不及物动词，等等。后来又针对主要研究内容将复音词单列出来，重新按照结构划分，分为联合式、偏正式、支配式、主谓式、动补式、附加式、综合式等。在这一过程中，利用《汉语大词典》检索相关词语的词条解释来判定新词新义。最后建立起了一个包括《说苑》一书的单音词表、复音词表、词频统计表、单字索引、单词索引在内的《说苑》词汇数据库。这个数据库是穷尽性的，各种统计力求准确。

第二，共时比较。本书对《说苑》复音词进行的专题分类研究和讨论都不只限于《说苑》的语料，而是与共时层面上的其他语料结合起来研究。《说苑》共有十余万字，受到语料性质限制，有些复音词在《说苑》中出现次数较少，需要用两汉时期的其他文献进行参照或佐证，如《史记》《淮南子》《汉书》等等。在判定复音词时，在确定一个词是否是新词是否有新义项产生时，都需要有其他文献加以参照。与此同时，本书还将《说苑》的复音词与同期其他词汇研究成果进行比较，力求发现带有规律性的东西。

　　第三，历时研究。语言是在不断变化发展的，所以对词汇的研究也需要在语言发展过程中去探求。在对《说苑》同素异序词进行专题研究时，在共时描写基础上，对14组同素异序词的演变轨迹进行了历时的考察与分析，并探讨了在语言发展过程中影响词语保留下来或被淘汰的因素。

第一章 《说苑》复音词结构分析

第一节 复音词的确定

汉语词汇发展的一大规律便是从以单音词为主过渡到以复音词为主，而两汉时期，正是复音词开始加快发展的时期。这一时期，复音词形成过程有哪些现象、单音词如何形成复音词等问题都值得探讨。而切分单音词与复音词，是不可缺少的一环。

如何确定一个词已经是复音词还是两个单音词连用，这并不是一个简单的问题，一个词是复音词还是词组有时候难以截然分清。关于这个问题，学者们有不少探讨，进行了不少的研究，也取得了一系列的成果。

马真认为："划分先秦的复音词，主要从词汇意义的角度来考虑问题，即考察复音组合的结构程度是否紧密，它们是否已经成为具有完整意义的不可分割的整体。这是最可行的办法，其他方面的标志都只能作为参考。"①并由此提出了划分古汉语复音词的五条标准。张双棣也赞同"意义标准是至关重要的，是决定性的"②。伍宗文则提出了判定复音词应该依据"形式标志、意义标准、修辞手段、语法性质、见次频率"五大原则。程湘清认为区别复音词，可以从语法结构、词汇意义、修辞特点、出现频率四方面入手。鲁六认为除了参考意义标准、语法标准、修辞手段、出现频率外，还应该考察后代的沿用情况。这些学者虽然考虑的角度不同，但都提出了一些可操作的评判标准与原则。

本书综合各家观点，并结合《说苑》一书的特点，在判定切分复音词时主要从词汇意义、语法结构、出现频率、修辞手法四个方面入手，以意义为主，其他作为参考。例如"陛下"一词，并不等于"陛"与"下"的简单相加，在语义上已经具有完整的意义而不可分割，经常在句中充当主语和宾语，在《说苑》一书中共出现了29次，因此可以把它看作一个复音词。当遇到某一词从语义与语法方面看可以判作复音词，但在《说苑》中出现频率较少时，本书则参考与《说苑》时代相近的其他文献。例如"荡涤"在《说苑》中仅出现了一次："四渎何以视诸侯？能荡涤垢浊焉，能通百川于海焉，能出云雨千里焉，为施甚大，故视诸侯也。"（《说苑·辨

---

① 马真. 先秦复音词初探[J]. 北京大学学报（哲学社会科学版），1980（5）.

② 张双棣. 吕氏春秋词汇研究[M]. 北京：商务印书馆，2008：274.

物》）不过"荡涤"一词在《汉书》《史记》《礼记》《淮南子》《白虎通义》等文献中多次出现，如"后二年，世祖受命，荡涤烦苛，复五铢钱，与天下更始"（《汉书·食货志下》），"故乐所以荡涤，反其邪恶也"（《白虎通义》）。而其实早在《国语》中就出现了"乐者，所以移风易俗，荡涤人之邪秽也"。故将此词判定为词而非词组。

有些在《说苑》中乍一看似乎是词的，不过两个成分之间分离性较强，可以拆开使用，中间可以插入其他成分，顺序也并未固定下来，这时就不能将其称之为词。例如"悦目"。

"衣服容貌者，所以悦目也；声音应对者，所以悦耳也；嗜欲好恶者，所以悦心也。君子衣服中，容貌得，则民之目悦矣；言语顺，应对给，则民之耳悦矣；就仁去不仁，则民之心悦矣。"（《说苑·修文》）

在文中不但有"悦目"，还有"悦心""悦耳"，而且可以将"悦"的对象放到前面成为"民之目悦矣"，可见两者之间的关系是松散的，故不能将其判定为词，而应判定为词组。

再如"嗜好"一词。

仓唐曰："臣愿奉使，侯何嗜好？"太子曰："侯嗜晨凫，好北犬。"于是乃遣仓唐绁北犬，奉晨凫，献于文侯。仓唐至，上谒曰："孽子击之使者，不敢当大夫之朝，请以燕闲，奉晨凫，敬献庖厨，绁北犬，敬上涓人。"文侯悦曰："击爱我，知

吾所嗜，知吾所好。"(《说苑·奉使》)

"嗜"与"好"可以拆开单独使用，可带宾语，偶尔合在一起使用，分开使用是常态，因此"嗜好"也不能算作词，只能归入词组。

按照词汇意义、语法结构、出现频率、修辞手法这四个基本标准，《说苑》全书共切分出3703个复音词，除去三音节及以上的复音词以及人名、地名、星宿等，剩余2951个复音词。本书主要的研究对象便是这2951个复音词。

按照结构类型可以将《说苑》中的复音词分为单纯复音词和合成复音词两大类。单纯复音词数量较少，合成复音词数量较多，占大多数。根据构词方式的不同，合成复音词又可分为联合式、偏正式、支配式、主谓式、述宾式、述补式、附加式、综合式等八类，下面将按照顺序分类讨论。

第二节 单纯复音词

单纯复音词属于语音造词，在先秦比较多见。虽然这种复音词在语音形式上是两个音节，但是两个音节之间大都有语音上的联系，一般是单音节的重叠或者部分重叠（声母重叠或者韵母重叠），实际上是由一个语素构成。《说苑》中的单纯复音词共96个，包括叠音词和联绵词两大类，其中多数是形容词,也有少数拟声词和名词。各类举例如下。

1.**叠音词**

仙仙(2次)

回愿得明王圣主而相之,使城郭不修,沟池不越,锻剑戟以为农器,使天下千岁无战斗之患,如此则由何愤愤而击,赐又何仙仙而使乎?(《说苑·指武》)

按:滔滔不绝、能言善辩的样子。

切切(1次)

闵子骞三年之丧毕,见于孔子。孔子与之琴,使之弦。援琴而弦,切切而悲。(《说苑·修文》)

按:此处是表示声音悲伤的一个拟声词。

区区(1次)

今足下弃反天性,捐冠带,欲以区区之越与天子抗衡为敌国,祸且及身矣!(《说苑·奉使》)

按:数量少、地方小,微不足道。

襜襜(1次)

子路盛服而见孔子,孔子曰:"由,是襜襜者何也?"(《说苑·杂言》)

按:形容衣着讲究、盛装的样子。

蛩蛩(4次)

蹶非性之爱蛩蛩巨虚也,为其假足之故也。(《说苑·复恩》)

023

按：传说中的一种异兽，状如马。

2.联绵词

鸳鸯（1次）

夫凤鸿前麟后，蛇颈鱼尾，鹳植鸳鸯思，丽化枯折所志，龙文龟身，燕喙鸡喙，骈翼而中注。（《说苑·辨物》）

按：鸟名。

憔悴（1次）

是故感激憔悴之音作，而民思忧。（《说苑·修文》）

按：表示忧戚、烦恼。

崎岖（1次）

今王众不过数十万，皆蛮夷，崎岖山海之间，譬若汉一郡，何可乃比于汉王！（《说苑·奉使》）

按：指地势高低不平。

彷佛（1次）

圣主将祭，必洁斋精思，若亲之在；方兴未登，嵑嵑憧憧，专一想亲之容貌彷佛，此孝子之诚也。（《说苑·修文》）

按：大概近似的样子。

以上为双声词。

莽洋（1次）

赐也，愿齐、楚合战于莽洋之野，两垒相当，旌旗相望，尘埃相接，接战构兵。（《说苑·指武》）

按：形容广大无垠的样子。

烂漫（1次）

酒食珍味，盘错于前；衣服轻暖，舆马文饰；所以自奉，丽靡烂漫，不可胜极。（《说苑·反质》）

按：色彩绚丽的样子。

强梁（1次）

强梁者不得其死，好胜者必遇其敌；盗怨主人，民害其贵。（《说苑·敬慎》）

按：勇武，强劲有力。

逍遥（1次）

逍遥乎无方之内，彷佯乎尘埃之外。（《说苑·建本》）

按：悠闲自得。

须臾（5次）

内须臾离乐，则邪气生矣，外须臾离礼，则慢行起矣。（《说苑·修文》）

按：片刻，短时间。

以上为叠韵词。

单纯复音词在《说苑》中的数量不多，大部分出现频次也不高，其中不少是对先秦时期单纯复音词的沿用与继承，如"莘莘""赳赳""离离"都出自《诗经》。但也出现了一些新的单纯词，如"襜襜""焦焦"。从比例上看单纯复音词在复音词总量中占的比重较小。

第三节　联合式复音词

王力曾在《实用解字组词词典》的序言中说道:"要了解一个合成词的意义,单就这个词的整体去理解它还不够,还必须把这个词的构成部分(一般是两个字)拆开来分别解释,然后合起来解释其整体,才算是真正彻底理解这个词的意义了。"[①]因此,研究复音词,既需要从整体上考虑该词的词义、用法,也要注重组成该词的语素之间的关系。下面,将从语义关系和语素顺序两方面来对联合式复音词进行分析与研究。

在《说苑》一书中,联合式复音词的数量是最多的,有1579个,占全部复音词的53.5%。其中,名词约占45%,动词约占31%,形容词约占24%。从语义构成上看,联合式复音词可以分为同义语素联合词、类义语素联合词、反义语素联合词三大类。

一、同义语素联合词

同义语素联合词,指的是两个在意义上相同或相近的语素构成的词。因为意义、用法完全相同的等义词在语言中是很少的,所以相同或相近的两个语素构成的词,可称为同义语素联合词。

---

① 周士琦. 实用解字组词词典·序[M]. 上海:上海辞书出版社,1986.

（一）同义语素联合词的分类

按照词性的不同，同义语素联合词主要可以分为名词、动词、形容词三类。

1.名词

襁褓（3次）

人生不免襁褓，吾年已九十五，是三乐也。（《说苑·杂言》）

《说文解字·衣部》（《说文解字》下简称《说文》）："襁，负儿衣也。褓，小儿衣也。""襁褓"，指的是包裹小儿用的带子和被子，后来借指婴儿。《史记·外戚世家》："青三子在襁褓中，皆封为列侯。"

雷霆（2次）

其年，共王猎江渚之野，野火之起若云蜺，虎狼之嗥若雷霆。（《说苑·权谋》）

《说文·雨部》："霆，雷余声也。"《尔雅·释天》："疾雷为霆。""雷霆"指霹雳和震雷，后用来指声音、威力极大，速度极快。《史记·苏秦列传》："战如雷霆，解如风雨。"《淮南子·兵略训》："卒如雷霆，疾如风雨。"

尘埃（2次）

两垒相当，旌旗相望，尘埃相接，接战构兵。（《说苑·指武》）

《说文·土部》:"埃,尘也。"《说文·鹿部》:"尘,鹿行扬土也。""尘埃"意思是尘土,也指尘世社会。《史记·屈原贾生列传》:"濯淖污泥之中,蝉蜕于浊秽以浮游尘埃之外。"

质性(1次)

仪状齐等,而饰貌者好,质性同伦,而学问者智。(《说苑·建本》)

《广雅》:"性,质也。"《庄子·杂篇》:"性者,生之质也。""质性"指人的本性。《白虎通义》:"某质性顽钝。"

宫室(15次)

闻古之明王,食足以饱,衣足以暖,宫室足以处,舆马足以行。(《说苑·反质》)

《尔雅·释宫》:"宫谓之室,室谓之宫。""宫室"指君王所住的宫殿,也泛指高大的房屋。《淮南子·泰族训》:"故不高宫室者,非爱木也。"

2.动词

行步(2次)

行步中规,折旋中矩。(《说苑·辨物》)

《说文·步部》:"步,行也。"《说文·行部》:"行,人之步趋也。""行步"指的是人走路、行走。《淮南子·齐俗训》:"衣足以覆形,从典坟,虚循挠,便身体,适行步。"

歌咏(3次)

是故后世思而歌咏之。(《说苑·贵德》)

《说文·欠部》:"歌,咏也。"《说文·咏部》:"咏,歌也。""歌"与"咏"基本意思相同,都表歌唱吟诵之意。《史记·宋微子世家》:"乃作《麦秀》之诗以歌咏之。"

谄谀(7次)

是以贤圣罕合,谄谀常兴也。(《说苑·杂言》)

谄谀多在君之庐者,其君好乐而无礼,其下危处以怨上。(《说苑·奉使》)

《说文·言部》:"谀,谄也。""谄谀"意思是讨好奉承。《史记·鲁仲连邹阳列传》:"今人主沉于谄谀之辞,牵于帷裳之制。"

变化(3次)

夫天地有德,合则生气有精矣;阴阳消息,则变化有时矣。(《说苑·辨物》)

天地动而万物变化。(《说苑·君道》)

《说文·七部》:"化,变也。""变化"指的是改变形态或产生新的情况。《淮南子·人间训》:"百事之变化,国家之治乱,待而后成。"

兴起（2次）

今天油然作云，沛然下雨，则苗草兴起，莫之能御。（《说苑·复恩》）

《说文·舁部》："兴，起也。""兴起"指的是开始出现并繁盛起来。《史记·乐书》："治道亏缺而郑音兴起。"

恐惧（3次）

今国事急，百姓恐惧，愿藉子大夫使齐。（《说苑·奉使》）

《说文·恐部》："恐，惧也。""恐惧"表示害怕义。《史记·秦始皇本纪》："诸侯恐惧，会盟而谋弱秦。"

诽谤（7次）

吾异日厚卢生，尊爵而事之，今乃诽谤我。（《说苑·反质》）

《说文·言部》："诽，谤也。""谤，毁也。""诽谤"指的是用假话恶意中伤他人。《淮南子·人间训》："使人卑下诽谤己者，心之罪也。"

驰骋（3次）

天下之至柔，驰骋乎天下之至坚。（《说苑·敬慎》）

《说文·马部》："骋，直驰也。""驰骋"意思为纵马疾奔，后来引申为快速奔跑或速度很快。《淮南子·精神训》："精神何能久驰骋而不既乎？"

教诲（4次）

学问不倦，所以治己也；教诲不厌，所以治人也。（《说苑·谈丛》）

《说文·言部》："诲，晓教也。""教诲"的意思是教育引导。《淮南子·修务训》："绝国殊俗、僻远幽间之处，不能被德承泽，故立诸侯以教诲之。"

念思（3次）

念思非不能拔剑刎头，腐肉暴骨于中野也，为吾君贵鹄而贱士也。（《说苑·奉使》）

《说文·心部》："念，常思也。""念思"意思是常想，反复考虑。《汉书·贾邹枚路传》："今陛下念思祖考，术追厥功。"

警戒（3次）

秦、楚毂兵，吾王使我先窥。我死而不还，则吾王知警戒，整齐兵以备楚，是吾所谓吉也。（《说苑·奉使》）

《说文·言部》："警，戒也。""警戒"的意思是提高警惕，注意防备危险。《史记·乐书》："是故先鼓以警戒，三步以见方，再始以著往，复乱以饬归，奋疾而不拔，极幽而不隐。"

3.形容词

奢侈（5次）

夫厘王变文、武之制而作玄黄宫室，舆马奢侈，不可振也。

(《说苑·权谋》)

《说文·人部》:"侈,奢也。""奢侈"意思是过于追求享乐,铺张浪费。《史记·齐太公世家》:"是时景公好治宫室,聚狗马,奢侈,厚赋重刑,故晏子以此谏之。"

危殆(2次)

故上下相亏也,犹水火之相灭也,人君不可不察,而大盛其臣下,此私门盛而公家毁也,人君不察焉,则国家危殆矣。(《说苑·君道》)

《说文·歹部》:"殆,危也。""危殆"的意思就是危险。《淮南子·修务训》:"苦身劳形,焦心怖肝,不避烦难,不违危殆。"

巧佞(1次)

清白上通,巧佞下塞,谏者得进,忠信乃畜。(《说苑·君道》)

《说文·女部》:"佞,巧谄高材也。"《广雅疏证》:"佞,巧也。""巧佞"意思是阿谀奉承,善用花言巧语,也指巧言谄媚之人。

恭敬(9次)

行年七十,常恐行节之亏。回是以恭敬待大命。(《说苑·敬慎》)

《说文·心部》:"恭,肃也。"《说文·苟部》:"敬,肃也。""恭敬"意思是尊重而有礼貌。《淮南子·齐俗训》："今世之为礼者，恭敬而忮；为义者，布施而德。"

除此之外，还有很多同义语素联合构成的复音词，如问询、剖判、休息、桎梏、缤纭、灾害、法令、柘杵、星辰等等。

同义语素联合构成的复音词与两个单音节同义词连用是既有联系又有区别的。由单音词走向复音词，这是汉语词汇发展的规律之一，不过复音词的形成是一个长期的过程。在复音词形成的早期，两个意义相近或相关的单音节合起来用，语义上可以互相注释，语用上可以提高表达的效果。长此以往，随着使用次数的增多，这两个单音节同义词逐渐凝固为一个复音词，同义语素联合词就形成了。联合式复音词大都经历过这样一个连用的过程。

（二）同义语素联合词中同义语素的差异

同义并不是意义完全相等相同。黄金贵在《古汉语同义词辨释论》一书中说："在古汉语词汇中认为两个以上的词的某个词义的理性和附加意义都相等或多义词的全部意义都相等的等义词观，是没有立身之地的；古汉语同义词中，可以说不存在理性意义和附加意义都相同的等义词。"[1]所以，被称为同义词的词，在词的理性意义或附加意义上或多或少都有所差别。它们的差别大致可以分为以下几个层面。

---

[1] 黄金贵.古汉语同义词辨释论[M].上海：上海古籍出版社，2002: 143.

1.语用层面的不同

感情色彩不同。例如"乖离"一词,"乖"表示背离,但有贬义色彩。《说文·丫部》:"乖,戾也。"《说苑·修文》:"乱世之音怨以怒,其政乖。"而"离"则是中性词,无贬义色彩。《淮南子·主术训》:"吞舟之鱼,荡而失水,则制于蝼蚁者,离其居也。"

再如"比周"一词,"比"与"周"都可以表示聚集在一起、相结合之意,但是"比"有贬义色彩,"周"则有褒义色彩。《论语·为政》:"君子周而不比,小人比而不周。"

地域色彩不同。比如"姣好"一词,《说文·女部》:"姣,好也。"《方言·第一》:"秦晋之间,凡好而轻者谓之娥。自关而东河济之间谓之媌,或谓之姣。""好"与"姣"都有美丽、美好之意,但"好"是通用语,而"姣"是"好"的方言同义词。

2.语义层面的不同

范围、轻重不同。如"战斗"一词,"战"一般规模较大,参与人员较多,往往是国家之间、集团之间的战斗。如《说苑·立节》:"楚人将与吴人战。""邲之战,楚大胜晋。"而"斗",规模较小,常常侧重个人之间的冲突击打。如《说苑·正谏》:"所与斗者走行白皇帝,皇帝大怒。"再如《说苑·杂言》:"甲士以围孔子之舍,子路怒，奋戟将下斗。"《左传·宣公十二年》："困兽犹斗，况国相乎？"

主体不同。如"琢磨"一词，《说文·玉部》："琢，治玉也。"《论衡·量知篇》："骨曰切，象曰瑳，玉曰琢，石曰磨，切瑳琢磨，乃成宝器。"可见"琢"是对玉的打磨。《淮南子·说林训》："白玉不琢，美珠不文，质有余也。"而"磨"则是对石材进行打磨，如《负暄野录》："督责甚峻。村民急以应期，悉皆磨石刻以代之。"

对象和作用不同。"仓廪"指的是装粮食的仓库。但是"仓"是储藏谷物的，如《淮南子·说林训》："未尝稼穑，粟满仓；未尝桑蚕，丝满囊。""廪"是储藏米的，如《礼记·明堂位第十四》："米廪，有虞氏之庠也。序，夏后氏之序也。"

侧重点不同。"土"是土地的总称，可以指土地本身，也可以指故土，侧重土地上附加的外在情感。如《史记·五宗世家》："燕数万衔土置冢上，百姓怜之。"而"壤"则侧重土作为可生长庄稼的内质，多指耕土、耕地。《释名·释地》："壤，瀼也，肥濡意也。"李斯《谏逐客书》："东据成皋之险，割膏腴之壤。"

3.功能层面的不同

词性不同。如"幼稚"一词，"幼"指未成年的孩童，"稚"也泛指孩童。但是"稚"只作为形容词来修饰名词性

035

词语，如《淮南子·修务训》："蔡之幼女，卫之稚质。"而"幼"则既可以做名词也可以充当修饰名词的形容词，如《淮南子·诠言训》："百姓携幼扶老而从之。"《汉书·食货志第四下》："次八分，五铢，曰'幼钱二十'。次九分，七铢，曰'中钱三十'。"

搭配不同。如"耻辱"一词，"耻"一般只能作不及物动词，带宾语构成意动用法，如《史记·儒林列传》："申公耻之，归鲁，退居家教，终身不出门，复谢绝宾客。"而"辱"则可以作及物动词，直接带宾语，如《史记·平原君虞卿列传》："一战而举鄢郢，再战而烧夷陵，三战而辱王之先人。"

这些同义词原本有着或多或少的差异，但组合成复音词后，两个同义词已经凝结为一体，原来的区别已经淡化，两词的词义互相靠拢，呈现出来的是作为一个整体的复音词的词义。

二、类义语素联合词

类义语素联合，指的是两个语素虽然意义不同，但都处于同一个大类之中，且包含相同的义素，在意义上有一定的联系。这样同属于某一语义范畴的两个语素联合构成的词即为类义语素联合词。例如"父兄"一词，父亲和哥哥都是年长于自己的男性直系亲属，"父"是长一辈的，"兄"是同辈的,"父兄"则泛指年长者。《说苑·指武》:"文王欲伐崇,先宣言曰:'予闻崇侯虎,蔑侮父兄,不敬长老,听狱不中,分财不均,百姓力尽,不得衣食……'"类义语素联合词举例如下。

暴浣(1次)

耽我以道,说我以仁,暴浣我行,昭明我名,使我为成人者,吾以为上赏。(《说苑·复恩》)

"暴"是晒的意思,"浣"是洗涤之意。"暴浣"一词的意思就是暴晒洗涤,"暴"和"浣"都是对物品的处理方式,合在一起指去除污恶,留下清白。

饥渴(4次)

饥渴得食,谁能不喜?(《说苑·谈丛》)

"饥"指肚子饿,"渴"是口干想喝水,是人身体的两种基本需求。"饥渴"指又饿又渴,也指如饥似渴般期望、盼望。

针缕(1次)

顺针缕者成帷幕,合升斗者实仓廪。(《说苑·政理》)

"针缕"指的是针和线,这二者是缝纫的两种必备工具。

学问(8次)

学问不倦,所以治己也。(《说苑·谈丛》)

"学问"指的是学习和询问,是人在掌握知识的过程中两个常有的行为，后也指知识。

栗理（2次）

望之温润者，君子比德焉，近之栗理者，君子比智焉。（《说苑·杂言》）

"栗"是一种落叶乔木，其木坚硬结实，在"栗理"一词中意指坚实。"理"的意思是纹理纹路。"栗理"的意思就是坚实而有纹理。

弋猎（1次）

野游则驰骋弋猎乎平原广囿，格猛兽。（《说苑·善说》）

"弋"是用箭射鸟，"猎"是捕捉兽类，"弋猎"泛指一切狩猎活动。

蓍龟（1次）

圣王之举事，必先谛之于谋虑，而后考之于蓍龟。（《说苑·权谋》）

"蓍"是一种草本植物，古时用其茎来占卜。"龟"，腹背有硬甲的动物，其硬壳也是古时占卜常用的一种工具。所以"蓍龟"就是占卜的意思。

板筑（3次）

毋淫宫室，以妨人宅，板筑以时，无夺农功。（《说苑·建本》）

"板"指的是夹板，"筑"，指的是捣土用的杵。筑墙的时候，需要以两板相夹，填土于其中，再用杵捣实，所以称为"板筑"。"板筑"也泛指土木建筑。

井灶（1次）

垒合而后敢处，井灶成而后敢食。（《说苑·指武》）

"井灶"就是水井与炉灶。这两者都是生活必不可少的，所以后来也以"井灶"借指家园与故土。

咳唾（1次）

声音咳唾，不绝于耳。（《说苑·修文》）

"咳唾"指的是咳嗽和吐唾液，两个都是和口有关的动作。这个词也指赞美别人的语言，如《汉书·淮阳宪王刘钦传》："大王诚赐咳唾，使得尽死，汤禹所以成大功也。"

鞭扑（1次）

鞭扑之子，不从父之教；刑戮之民，不从君之政。（《说苑·杂言》）

"鞭"是鞭子。"扑"通"朴"，杖，一种戒尺。"鞭扑"指的是刑具或用作惩罚的工具。

钟鼓（13次）

我将使楚之钟鼓无声，则将无以整齐其士卒而理君军。（《说苑·奉使》）

"钟鼓"指的是钟和鼓，这两者都是古代的礼乐器。

血气（4次）

寿命死者，岁数终也；痛疽死者，血气穷也。（《说苑·谈丛》）

039

"血"指血液,"气"指呼吸、气息。这两者都是维持生命活动必不可少的,因而"血气"用来指维持人生命的元气。

德行(5次)

今先生积德行为善久矣。(《说苑·杂言》)

"德"指的是合乎规范的道德,"行"指的是能够体现一个人品质的行为,所以"德行"就是道德与品行。

除此之外,类义语素联合词还有很多,如甲兵、桴鼓、瓦砖、功德、飘摇、知虑、偷合、干戚、切踦、微弱、金石、将相、弟子、骨肉、斋戒、政教、霜露、草木、疾苦等等。

类义语素联合词的词义与组成该词的两个语素的语素义之间并不是简单相加的关系,而是经过了高度概括与引申。例如"穿窬",《说文·穴部》:"穿,通也,从牙在穴中。"《说文·穴部》:"窬,穿木户也。""穿窬"字面意思是指穿穴和穿木门,概括为挖洞翻墙行为,又引申为偷窃。《后汉书·郭陈列传》:"夫穿窬不禁,则致强盗;强盗不断,则为攻盗。"

《说文·廾部》:"兵,械也。"《说文·革部》:"革,兽皮治去其毛,革更之。""兵革"是兵器和甲胄的总称。《说苑·臣术》:"兵革不完,战车不修,此臣之罪也。"兵器和甲胄是战争中常见的事物,所以"兵革"又引申为战争。《史记·龟策列传》:"天下始定,兵革未息。"

又如"垂拱",本指垂衣和拱手,合在一起引申为不做什么事、顺其自然。《说苑·尊贤》:"桓公垂拱无事而朝诸侯,鲍叔之力也。"《史记·吕太后本纪》:"黎民得离战国之苦,君臣俱欲休息乎无为,故惠帝垂拱,高后女主称制,政不出房户,天下晏然。"从例句可以看出,这已经完全不能单纯从垂衣、拱手两个动作去理解词义了。

汉语是不断变化发展的,所以要用发展的眼光来看待同义或类义的定义。有些词与词最初有着不同的意义或用法,但随着社会的发展,当人们频繁地把这两个词放到一起使用,这两个词逐渐失去原有词义中相异的一部分,而向二者相近的义项靠拢。相近的义项不断得到强化,使得二者最终凝固为一个新词。而随着时间的流逝,人们不可能也没有必要把两词辨别得十分清楚,二者之间原本的差异也就逐渐模糊,甚至消失。因此,同义与类义并非泾渭分明,判定同义或类义,需要将其置于具体的时间段。例如"饥饿",《韩非子·饰邪》中说:"家有常业,虽饥不饿;国有常法,虽危不亡。"可见在上古汉语里,"饥"与"饿"是有明显区别的。"饿"指的是"没有食物可吃,快要死了"的程度,而"饥"的程度轻于"饿"。在战国之后的文献中,"饥"和"饿"就常常一起出现了,到了《说文·食部》就将"饿"解释为"饥也",已经看不出二者的差异,而成了同义互训了。

三、反义语素联合词

反义语素联合词，指的是两个意义相反或相对立的语素构成的词。反义并非指两个语素的意义单纯地完全相反、相对，而是在有共同义素的前提下有差异。例如：

父母（17次）

子生三年，然后免于父母之怀，故制丧三年，所以报父母之恩也。（《说苑·修文》）

长一辈、直系血亲，这是"父""母"共有的义素。而从性别来讲的话，则非"父"即"母"，两者是互补的关系。"父母"指父亲和母亲，这是最初的意义，也是常用义。例如《说苑·尊贤》："臣闻之，有命之父母，不知孝子；有道之君，不知忠臣。夫豫让之君，亦何如哉？"也可以指如同父母一样的人，如《说苑·政理》："《诗·大雅·泂酌》：'恺悌君子，民之父母'。"再如《淮南子·俶真训》："夫天之所覆，地之所载，六合所包，阴阳所呴，雨露所濡，道德所扶，此皆生一父母而阅一和也。"

《说苑》中，由反义语素构成的复音词相对较少，如缓急、朝夕、难易、曲直、是非、辟就、吉凶、祸福、赏罚、左右、尊卑、稼穑等。举例如下：

夫妻（2次）

夫妻不和，室家大凶。（《说苑·敬慎》）

稼穑（1次）

去禽兽害稼穑者，故以田言之。圣人作名号而事义可知也。（《说苑·修文》）

轻重（3次）

持抔国事，以为轻重，私门成党，以富其家，又复增加威势，擅矫主命，以自显贵，如此者，贼臣也。（《说苑·臣术》）

吉凶（5次）

蛇头龙翅，左精象日，右精象月，千岁之化，下气上通。能知存亡吉凶之变。（《说苑·辨物》）

难易（2次）

故夫士欲立义行道，毋论难易，而后能行之。（《说苑·立节》）

朝夕（1次）

朝夕诵善败而纳之，听则进，否则退。（《说苑·尊贤》）

荣辱（7次）

夫言行者君子之枢机，枢机之发，荣辱之本也，可不慎乎！（《说苑·谈丛》）

出入（3次）

大德毋踰闲，小德出入可也。（《说苑·尊贤》）

赏罚（5次）

国家之危定，百姓之治乱，在君行之赏罚也。（《说苑·君道》）

起居（1次）

胡建守北军尉，贫无车马，常步，与走卒起居，所以慰爱走卒甚厚。（《说苑·指武》）

按照构词语素的语义类型来分，可以将反义语素联合词分为绝对反义语素联合词和相对反义语素联合词。绝对反义语素联合词指的是前后两个语素，肯定了前者就否定了后者，否定了前者就肯定了后者，两者之间非此即彼，没有中间地带。例如是非、出入、士女等。相对反义语素联合词指的是前后两个语素，肯定了前者就否定了后者，但是否定了前者不一定就肯定了后者，在前后两个语素之间存在其他可能的中间地带。例如善恶、轻重、始卒等。

按照构词前后的语义关系来分，也可以将反义语素联合词分为两类。一种是两个相反的语素联合，形成一个新词，产生了新意义，例如：

左右（49次）

言未卒，而左右言季成子立为相矣。（《说苑·臣术》）

不固溺于流俗，不拘系于左右。（《说苑·君道》）

稼穑（2次）

去禽兽害稼穑者，故以田言之。圣人作名号而事义可知也。

(《说苑·修文》)

民务稼穑，衣食滋殖。(《史记·吕太后本纪》)

另一种则是以一个语素的意义为主，另一个语素的意义只是作为形式上的陪衬，没有意义，这种情况也称为语义偏指。例如：

缓急

故天子南面视四星之中，知民之缓急。急则不赋籍，不举力役。(《说苑·辨物》)

"缓急"侧重于"急"，意为"知民之急"。

好恶

衣服容貌者，所以悦目也；声音应对者，所以悦耳也；嗜欲好恶者，所以悦心也。(《说苑·修文》)

"好恶"侧重于"好"，而"恶"义为空。

另外，在有些词的两个语素中，前后哪个语素的意义是主要的，哪个语素充当陪衬，并非固定，往往要看具体语境。例如"夫不以利害为趣者，鄢陵（君）也"(《说苑·奉使》)，"利害"侧重于"利"；"立身著名，无顾利害，而后能成之"(《说苑·立节》)，"利害"侧重于"害"。

四、联合式复音词的特点

（一）同义联合占多数

联合式是汉语复音词最重要的一种构词方式。联合式复音词在《说苑》一书的复音词中占到一半以上,而其中的同义联合又占了相当大的比例。语素与语素结合为词,主要通过语义的融合来实现,"复音词成词的一个语义标志就是表达单一完整的意义。这个基本条件从根本上对语素的相互选择提出了要求:双方的语义结构应该能够重叠,以便使其意义单一化"①。联合式复音词的两个语素之间主要是同义、类义和反义三大类关系,而同义关系与类义关系是最容易在语义结构上重叠的。同义的两个语素,在语义上有着密切的关联性,由它们组成新词之后,新词义与原语素义之间能够产生最大的语义交集,随着时间的推移,原来两个同义语素之间的细微差异也会逐渐被忽略以至消失。相对而言,反义语素之间的语义交集就要少得多,要整合这两个反义语素,从而实现语义概括化,就无法同时兼顾两个成分的原有意义,所以会出现语义偏指或部分语义脱落。这也就解释了同义语素联合词与类义语素联合词较多,而反义语素联合词较少的现象。

(二)诸多的同义类聚出现

同义类聚,指的是在意义上具有相同或相近关系的词构成的聚合体。在《说苑》里,许多复音词是由单音的同义词交叉组合而成的,这就使得表达同一个意义的诸多复音词以

---

① 肖晓晖.汉语并列双音词的构词规律研究:以《墨子》语料为中心[M].北京:中国传媒大学出版社,2010:194.

语义为纽带组成了一个个同义类聚。列举如下：

表示思考、考虑义：思虑、念虑、谋虑、念思、忧思

表示太平、安宁义：安昌、安乐、安宁、安定、平治、平复、太平、平和、平定

表示恭敬义：恭敬、肃敬、敬重、温恭、允恭、恭庄、敬慎、恭俭

表示骄纵、傲慢义：骄蹇、怠傲、骄盈、骄奢、骄傲、惰慢

表示悲伤义：悲哀、悲痛、忧哀、痛怨

表示高兴、欢乐义：欢喜、欢欣

表示才智等出众义：豪俊、英俊、雄俊

表示廉洁、正直义：廉直、劲正、廉平、正直、清洁

表示地位低下义：卑贱、贫贱、卑下

表示恐惧、害怕义：恐骇、恐惧

美国语言学家帕默尔曾说过："一项活动或一个实物的各个方面组成一个概念丛；它是如此紧密地交织而成，以致其中任何一个成员都能在听话人心中唤起其余的成员。"[①]在语言中，语义相关或相近的词总是天然地聚合在一起，在人们使用时，提起一个常会连带想起其他有关联的词。在上古汉语里，单音词占压倒性多数，随着双音词的出现，大量的

---

① L. R. 帕默尔. 语言学概论[M]//李荣，王菊泉，周焕常译. 北京：商务印书馆，1983：73.

单音词与同义的单音词组合成复音词，同一语义由不同的词来表达，这些词以不同方式排列组合就形成了诸多的同义类聚。当然，这些不同的排列组合所产生的词并非都合适，也需要经过时间的检验，有些词一直沿用至今，有相当一部分就被逐渐淘汰了。典型的例子就是同素异序词，有的只保留了一个，有的两个词之间在语义或用法上产生了差异从而成为两个词。

（三）相当数量的活跃语素形成

《说苑》中产生了一些活跃的单音节构词语素，这些单音节语素有较强的构词能力，它们的出现反映出汉语由单音节词向半自由语素转化的倾向。这些活跃的语素，在位置上有前置的，也有后置的。

前置活跃语素如：

危：危殆、危苦、危险、危亡

德：德泽、德行、德厚、德义

安：安昌、安乐、安宁、安定

清：清明、清净、清阳、清洁

后置活跃语素如：

苦：疾苦、劳苦、辛苦、勤苦、危苦

陋：孤陋、仄陋、僻陋、愚陋

爱：博爱、慈爱、仁爱、畜爱

明：显明、幽明、清明、高明

虑：思虑、念虑、谋虑

同义类聚的出现与活跃语素的形成是一种相辅相成、相互促进的关系：一方面复音词中大量同义类聚的出现必然会使构词能力较强的活跃语素脱颖而出；另一方面通过类推化等模式，这些活跃语素构词能力越强，出现的同义类聚也就相应越多。这样，就进一步加快了汉语词汇双音化的进程，也促进了更多结构模式的产生，同时也使得已产生的复音词结构更加稳固。

第四节　偏正式复音词

偏正式复音词的两个构词语素之间是修饰或限制关系，表修饰限制的语素称为偏语素，被修饰限制的语素称为正语素。一般是前一语素修饰或限制后一语素，也就是偏语素在前，正语素在后，如"干豆"（放在祭器中的干肉）。但在《说苑》中，也有少数正语素在前偏语素在后的情况，如"书社"。偏正式复音词和联合式复音词是汉语里数量最多的两类复音词，程湘清认为"在词序造词中产生最早、'产量'最高的是联合式和偏正式"[1]，而沈怀兴甚至认为"从

---

[1] 程湘清.汉语史专书复音词研究（增订本）[M].北京：商务印书馆，2008：89.

先秦到汉代,汉语构词复合法中始终以偏正式构词法最为能产"①。由于划分的标准带有一定的主观性,得出的数据也会有差异。

《说苑》一书中偏正式结构的复音词有977个,占到复音词总数的33%。

一、结构分类

按照结构关系可以将偏正式复音词分为定中式和状中式两类。定中式结构中的正语素一般为名词,偏语素大多为名词、形容词,还有少数动词。例如:

荒服(1次)

方五千里,至于荒服。(《说苑·修文》)

粟秩(1次)

民有饥色,而马有粟秩。(《说苑·正谏》)

藜羹(2次)

孔子困于陈、蔡之间,居环堵之内,席三经之席,七日不食,藜羹不糁,弟子皆有饥色。(《说苑·杂言》)

药言(2次)

药言献于贵,然后闻于卑,道也。(《说苑·君道》)

石田(1次)

今越,腹心之疾,今信其游辞伪诈而贪齐,譬犹石田,无所

---

① 沈怀兴.汉语偏正式构词探微[J].中国语文,1998(3).

用之。(《说苑·正谏》)

大辟(2次)

鸟之将死,必有悲声;君子集大辟,必有顺辞。(《说苑·修文》)

至言(3次)

此闻天下之至言而恐不能行者也。(《说苑·君道》)

凶器(2次)

今子阴谋逆德,好用凶器,殆人所弃,逆之至也,淫泆之事也,行者不利。(《说苑·指武》)

边城(3次)

其年五十也,为边城将,远者复亲。(《说苑·善说》)

蝉翼(2次)

相离若蝉翼,尚在肱北眉睫之微,曾不可以大息小,以小况大。(《说苑·指武》)

除了上述例子之外,《说苑》中定中式偏正复音词还有很多,例如怨言、宫门、大故、茵席、市道、树枝、桐棺、北鄙、威仪、雅音、正容、乐器、官序、德音、江渚、乱世、阴谋、邻国、后患等。

状中式结构中的正语素一般为谓词性的,偏语素大多为形容词、副词、动词等。例如:

预见(2次)

知命者,预见存亡祸福之原,早知盛衰废兴之始。(《说

苑·权谋》）

疾学（1次）

故君子疾学，修身端行，以须其时也。（《说苑·杂言》）

徐行（3次）

徐行而不反者，谓出使道闻君亲之丧也。（《说苑·奉使》）

环流（2次）

孔子观于吕梁，悬水四十仞，环流九十里。（《说苑·杂言》）

拜送（1次）

仓唐曰："臣来时，拜送书于庭。"（《说苑·奉使》）

合围（1次）

天子不合围，诸侯不掩群。（《说苑·修文》）

躬行（1次）

上陈之教，而先服之，则百姓从风矣，躬行不从，而后俟之以刑，则民知罪矣。（《说苑·政理》）

立语（2次）

于是荆王与晏子立语。（《说苑·奉使》）

野游（1次）

野游则驰骋弋猎乎平原广囿，格猛兽。（《说苑·善说》）

除此之外，状中式复音词还有不少，如周行、繁奏、上行、横带、固结、笼狎、周流、北征、望祀、拜辞、迭进、拜谒、太息、侍坐、长生、亲迎、交侵、相见、相并、相反、相胜、相强、相离、相携、相遇、比数、豫知、豫定、曲辩、薄蚀、群居、旅行、曲附、列坐、揖让、陈说、俯念等。

二、语义分类

按照语义构成来看，修饰说明正语素的偏语素往往从不同的角度对正语素加以限制、说明和修饰，这也是表意的重点。而作为该词的主要意义承载体的正语素从语义上划分，可以分为三类：第一类正语素表示人或事物，第二类正语素表示动作行为，第三类正语素表示性质状态。

（一）正语素表示人或事物

从正语素与偏语素之间的关系来看，可以再细分为以下几小类：

1.表示人的职业或身份

正语素语义跟人有关，偏语素则限定人的身份或职业。

X+人 "人"的构词能力最强，在《说苑》中有54个由"人"作为正语素构成的偏正式复音词，例如海人、饿人、罪人、逸人、邻人、厨人、船人、津人、役人、行人、贾人、匠人、美人、妇人、舍人、舟人、鄙人、门人、细人、夫人、先人、庶人、仇人、圣人、寡人等。

X+子 《说苑》中，以"子"为正语素构成的偏正式复音词有22个，例如童子、世子、竖子、天子、男子、女子、赤子、太子、弟子、君子、公子、夫子、客子、邑子等。

X+民　《说苑》中,以"民"为正语素的偏正式复音词共15个,例如烝民、士民、小民、中民、庶民、淫民、命民、穷民等。

X+士　《说苑》中,以"士"为正语素的偏正式复音词共36个,例如壮士、忠士、义士、廉士、善士、辩士、贤士、隐士、吉士、勇士、方士、志士、通士。

X+君　《说苑》中以"君"为正语素的偏正式复音词共10个,例如先君、明君、国君、邦君、污君、人君、嗣君等。

X+臣　《说苑》中以"臣"为正语素的偏正式复音词共23个,例如外臣、愚臣、贱臣、忠臣、谏臣、谋臣、谗臣、圣臣、智臣、贞臣、直臣、具臣、谀臣、奸臣、贼臣、贤臣等。

X+王　《说苑》中以"王"为正语素的偏正式复音词共5个,先王、圣王、大王、君王、霸王。

X+夫　《说苑》中以"夫"为正语素的偏正式复音词共11个,例如出夫、谗夫、庸夫、狂夫、武夫、渔夫、猎夫、农夫等。

X+父　《说苑》中以"夫"为正语素的偏正式复音词共5个,慈父、季父、叔父、老父、假父。

X+卿　《说苑》中以"卿"为正语素的偏正式复音词共6个,九卿、三卿、公卿、上卿、下卿、次卿。

X+儿　《说苑》中以"儿"为正语素的偏正式复音词共3个,侍儿、家儿、孤儿。

X+者　《说苑》中以"者"为正语素的偏正式复音词共10个，卜者、罗者、使者、从者、儒者、长者、谒者、王者、智者、侍者。

关于"X+者"是否应该计入偏正式复音词，学界尚有争议。朱德熙认为"者"的语法功能是让谓词性成分名词化，所以它是一个名词化的标记。刘诚认为"者"是语缀，是助词，不能把"X+者"都算作偏正式复音词。伍宗文认为："'X+者'是否复词，理当首先在转指范围内考虑，同时必须考虑是否双音节，'者'的后置是否能使其中'X'的语法性质或意义明确化等因素。"[①]此处采纳伍宗文的观点，将"X+者"归为偏正式复音词。同样"子"最初在甲骨文中象小儿之形，后来引申为孩子、儿女之义，所以"X+子"中"子"仍是有实在意义的中心语素，前面的语素是起修饰限定作用的，所以也属于偏正式。

2.表示事物的名称

X+器　例如车器、农器、祭器、食器、大器、陋器、宝器、凶器、奇器、利器。

《说文·皿部》："器，皿也。象器之口，犬所以守之。""器"指的是用具，它有实在意义，不可与现代汉语混淆而认为它是附加式的后缀。

X+门　例如私门、里门、郭门、都门、邑门、寝门、闺

---

① 伍宗文.先秦汉语复音词研究[M].成都：巴蜀书社，2001：279.

门、宫门、茅门。

X+衣　例如绣衣、锦衣、翠衣、缟衣、布衣、韦衣。

X+言　例如药言、至言、怨言、过言、苟言、怪言。

X+气　例如邪气、和气、淫气。

3.表示领属

这类词如山谷、船楫、城隅、虎爪。

4.表示类属

此类词如革车、槛车、橄机、布衣、狐裘、环佩。

5.表示程度

这类词有深谋、深念、高妙、太平、少选。

6.表示数量

这类词如万物、五福、四海、五帝、三王、四肢、五官、六合、六畜、五刑、五味、四方、百味、六师、五谷、九泽、九道、四气、五色、四时、八风、百度、百体。

7.表示方位

这类词如左方、南面、北面、东方、北方、西方、南方、左手、右手、海上、野外、海内。

8.表时间或季节

这类词如正月、元年、上古、日中、明年、明日、先日、正昼、往年、异日、终日、仲冬、季冬、孟春、仲春、季春、孟夏、仲夏、季夏、孟秋、仲秋、季秋、孟冬、中夜（半夜）、正冬、冬日、夏日、后世、前世。

（二）正语素表示动作行为

正语素表示动作行为的复音词，例如豫知、周流、统理、拜送、望祀、拜辞、迭进、躬行、野游、列坐、揖让、俯念、重译、货赂、趣走、燕居等等。这一类偏正式复音词没有正语素表示人或事物的多，但也有一定的数量，且形成了规模。根据偏语素的不同，可以分为以下几类。修饰正语素的偏语素有表示动作或行为的方式的，如囊扑、虐杀、盘旋、歌迎、合围、陈说、曲辩等；有偏语素表示动作或行为的性质或状态的，如明察、哀鸣、徐行、暴怒；有偏语素表示动作或行为的程度，如广开、太息、深入、深谋、博采、深念、穷追、上赏等；有的偏语素表示时间或者方位，如夭死、北征等；有的偏语素表示行为动作的数量，如再拜、四塞。

（三）正语素表示性质或状态

这一类复音词指的是偏语素所修饰的正语素是说明事物的性质或状态的。例如：

余尊（1次）

齐顷公，桓公之子孙也，地广民众，兵强国富，又得霸者之余尊。（《说苑·敬慎》）

糜烂（1次）

接刃流血，伏尸暴骸，糜烂国家，十有余年，卒丧其师众，祸及大夫，忧累后世。（《说苑·敬慎》）

鲜洁（2次）

不清以入，鲜洁以出，其似善化者。（《说苑·杂言》）

太平（6次）

伊尹故有莘氏之媵臣也，汤立以为三公，天下之治太平。（《说苑·尊贤》）

不祥（13次）

上山则见虎，下泽则见蛇，殆所谓之不祥也。（《说苑·君道》）

不公（5次）

今弃法而背令，而释犯法者，是为理不端，怀心不公也。（《说苑·至公》）

三、偏正式复音词的特点

第一，偏语素与正语素的意义与类型更趋多样化。

到了两汉前后，偏正式复音词中正语素的类型与先秦相比，有了新的发展。在《诗经》中偏正式的正语素大都是人或事物，比较常见的有"侯""氏""人""子""王""伯""女"等，正语素表示动作行为的不到10个，而表示性质状态的一个也没有。闫晓彤考察了《九歌》中的复音词，认为《九歌》中偏正式的正语素都是表示人或事物的，正语素表示动作行为或者性质状态的一个都没有。程湘清考察了《论语》和《孟子》里的复音词，他认为《论语》

中正语素表示动作的偏正式复音词只有1个，《孟子》中正语素表示动作的偏正式复音词只有2个。廖集玲考察了《韩非子》里的复音词，得出《韩非子》中偏正式复音词以名词为主的结论。由此可见，在先秦时期，偏正式复音词主要是以表示人或物的名词作为正语素，表动作的动词或者表性质状态的形容词极少作为正语素进入偏正式复音词。而到了《说苑》中，除了大量的以表示人或职业的词为正语素的偏正式复音词外，还出现了以"器""衣""言""世""羽""法""物""车""事"等表示类名的词为正语素的偏正式复音词，也出现了不少表种属关系的偏正式复音词，如霖雨、材木、草茅等。同时还产生了为数不少的以表示动作行为的动词和一些表示性质状态的形容词为正语素的偏正式复音词。以动作行为作为正语素的偏正式复音词在数量上虽然不及正语素表示人或物的偏正式复音词，但它们的偏语素所表示的意义在逐渐多样化，表时间的、表示方式的、表示状态的、表示方位的、有表数量的，已初具现代汉语以表动作的动词作为正语素的偏正式复音词的基本类型。

偏正式复音词的正语素所代表的事物的范围的扩大，体现了人们对社会中各种事物属性认识的深入，反映在词汇中，就是修饰限定关系的偏正式复音词的范围的扩大。

第二，偏正式复音词中的定中式和状中式有了新的发展。

"从历时发展来看，定中式偏正双音词的发展早于状中式偏正双音词……先秦的偏正式双音词主要是定中式的……状中式双音词很少。"①定中式复音词在先秦占到了偏正式复音词的一多半，其中表类别的定中式复音词是主要的组成部分，比如以"人""民""夫""子"等作为词根的词。而表示品性的修饰语充当定语的定中式复音词，虽然先秦已出现，但还比较少，尤其表示经验品性的修饰语充当偏语素的定中式复音词更少。到了汉代，这一类复音词逐渐增多。在《说苑》中，这类复音词已经比较普遍，如平原、良医、强御、利器、淫雨、飞鸟、飞禽、金城等。而且这类词表现出很强的构词能力。如《说苑》中表示不吉利的、不幸的意义的"凶"构成的复音词有凶事、凶服、凶器等，表示液体移动的，或像水一样流动意义的"流"构成的复音词有流水、流俗、流波，表示事物两端距离远或时间久远意义的"长"构成的复音词有长毂、长策等。

伍宗文在《先秦汉语复音词研究》一书中指出，先秦文献中已经有状中式复音词，但是数量不多，其偏语素主要是表示方式、时间或地点的，如火攻、后生、野战等。到了汉代，《说苑》中状中式复音词数量有所增加，构成形式也从单一走向多样化，出现了由表示程度的"深""精""笃"构成的偏正式复音词，如深念、深入、深刻、深思、精通、精

---

① 董秀芳.词汇化：汉语双音词的衍生和发展（修订本）[M].北京：商务印书馆，2011：145.

思、笃修、笃行。

第三,一大批构词能力较强的词根出现,相当一部分词的词性、词义、用法都被沿用至今,也有少量词语在发展过程中在词义、用法上有了变化。

一些表达最常用的概念的单音词,因为经常与其他词组合,使用频率很高,往往成为构词能力很强的词根。在先秦时期,这些词根主要是表示人的身份或职业的名词,如"人""士""子""夫""民"等,由这些词根组成的偏正式复音词成了当时最大的词族。除了这些先秦已经使用的词根,在《说苑》中还新增了许多其他构词能力较强的单音词词根,词根的范围也从表示人的名词扩展到表其他任何事物的名词,如"X+寝"构成的高寝、正寝、路寝,"X+事"构成的国事、戎事、公事、王事,"X+容"组成的国容、军容,"X+世"构成的后世、来世,"X+服"构成的凶服、荒服、时服。从历时的角度看,这些构词能力强的词根不但在当时十分活跃,而且大部分都被沿用至今。由这些词根构成的复音词,它们的词义甚至用法也都被继承使用,如壮士、暴雨、民心、利器、交情、污泥、贼心、异味、深思、火患、后患等等。

也有一些词在社会历史发展的过程中,词义或用法发生了变化。如"旅行"一词。《说苑·辨物》:"麒麟……不群居,不旅行。"这里的"旅行"是结伴而行的意思,到了后来，逐渐有了到远的地方去做事或游览观光的意思，如《晋书·苻坚载记》："二十里一亭，四十里一驿，旅行者取给于途，工商贸贩于道。"南北朝时期的《太上妙法本相经》："若独徒而旅行，迷者必致陷身之患。"到了后来，这一意义使用得越来越多。唐代李端《客行赠冯著》有诗句："旅行虽别路，日暮各思归。"明代《本草征要》："此药既能内服，亦可外治。活血化瘀、旅行及居家备之，可以救急。"清代赵吉士《寄园寄所寄》："花枝拂月裛香尘，月色花姿共一真。探月花惊栖宿鸟，看花月傍旅行人。"到了现代汉语里，"旅行"已经没有结伴而行的意思了。

再如"独断"一词。《说苑·权谋》："众人之智，可以测天。兼听独断，惟在一人。"这里的"独断"是按照自己的主见独立判断做决定的意思。到了中古时期，除了独立做决定之义，同时还增加了专断、不考虑别人意见的带有贬义色彩的语义。例如《旧唐书·太宗本纪下》："以天下之广，岂可独断一人之虑？"《旧唐书·裴炎刘祎之魏玄同李昭德列传》："祎之曰：吾必死矣。太后临朝独断，威福任己，皇帝上表，徒使速吾祸也。"在发展的过程中，"独断"逐渐增加了贬义的感情色彩。还有的词在原有义项基础上有了新的义项，如"动心"。《说苑·复恩》："豫让伪为死人，处于梁下，驷马惊不进，襄主动心，使使视梁下，得豫让，襄主重其义，不杀也。"在这里"动心"是心惊、警觉之义。而到了后世,"动心"虽然也含有思想、感情起波动的意义,但是其义已多指产生某种动机、欲望等。

第五节 其他复音词

一、支配式

相较于联合式和偏正式复音词,支配式复音词数量较少,发展也比较缓慢,这与支配式复音词本身的构词特点有关。支配式复音词的两个语素中一般前一语素表示某种动作、行为或状态,后一语素表示前一语素所影响或者关涉的对象。董秀芳指出,汉语中的支配式复音词,相当一部分是由动宾短语词汇化而来的。主语、谓语、宾语作为句子的主干成分,携带了关键的语法语义信息,是信息交流时的焦点部分,因而不容易降格成词,所以支配式复音词的词汇化程度不如联合式、偏正式复音词高。

《说苑》中支配式复音词共计84个,从词性的角度来看,动词最多,其次是名词,形容词、副词较少。

1.动词

拊手(3次)

初,赵盾在时,梦见叔带持龟要而哭,甚悲,已而笑,拊手且歌。(《说苑·复恩》)

摄齐（1次）

子路曰："由也请摄齐以事先生矣。"（《说苑·贵德》）

袭迹（2次）

夫知恶往古之所以危亡，而不务袭迹于其所以安昌，则未有异乎却走而求逮前人也。（《说苑·尊贤》）

携贰（1次）

国将亡，其君贪冒淫僻，邪佞荒怠，芜秽暴虐。其政腥臊，馨香不登。其刑矫诬，百姓携贰。明神不蠲，而民有远意。（《说苑·辨物》）

食言（2次）

布令信而不食言。（《说苑·政理》）

2.名词

司寇（5次）

孔子为鲁司寇，听狱必师断。（《说苑·至公》）

为人（19次）

眄子之为人也，尊贤者而爱不肖者，贤不肖俱负任，是以王仅得存耳。（《说苑·尊贤》）

逆旅（5次）

以郑桓公之贤，微逆旅之叟，几不会封也。（《说苑·权谋》）

执事（3次）

执事适欲，擅国权命，五阻也。（《说苑·君道》）

3.形容词

得当（1次）

虽复千里不得当，岂独五百里哉？（《说苑·奉使》）

满意（2次）

昆吾自臧而满意，穷高而不衰，故当时而亏败，迄今而逾恶。是非损益之征与？（《说苑·敬慎》）

无穷（4次）

今欲极天命之寿，弊无穷之乐，保万乘之势，不出反掌之易，以居太山之安。（《说苑·正谏》）

4.副词

终日（8次）

乃饬射更席，以为上客，终日问礼。（《说苑·修文》）

至今（7次）

故天下誉之，至今明主忠臣孝子以为法。（《说苑·正谏》）

昔舜造南风之声，其兴也勃焉。至今王公述而不释。纣为北鄙之声，其废也忽焉，至今王公以为笑。（《说苑·修文》）

这些复音词，从语素之间的语义关系来看，主要有以下几种：

第一种，前一语素和后一语素是动作和动作行为的受事的关系。

秉权（1次）

今霍氏秉权，天下之人，疾害之者多矣。（《说苑·权谋》）

摄齐（1次）

子路曰："由也请摄齐以事先生矣。"（《说苑·贵德》）

第二种，前一语素和后一语素是动作和目的的关系。

开路（2次）

郭隗曰："王诚欲兴道，隗请为天下之士开路。"（《说苑·君道》）

请雨（2次）

大旱则雩祭而请雨，大水则鸣鼓而劫社。（《说苑·辨物》）

第三种，前一语素和后一语素是动作和原因的关系。

喜功（1次）

魏文侯攻中山，乐羊将，已得中山，还反报文侯，有喜功之色。（《说苑·复恩》）

请罪（3次）

庄王归，过申侯之邑，申侯进饭，日中而王不食，申侯请罪。（《说苑·君道》）

第四种，前一语素和后一语素是动作和动作涉及的对象的关系。

启首（1次）

黄帝降自东阶，西面启首曰："皇天降兹，敢不承命？"（《说苑·辨物》）

顿首（4次）

宣孟与之壶餐脯二朐，再拜顿首受之，不敢食。（《说苑·复恩》）

却足（2次）

一噎之故，绝谷不食；一蹶之故，却足不行。（《说苑·谈丛》）

除了上述例子，《说苑》中的支配式复音词还有不少，例如袭迹、悬书、造命、得意、节文、行身、罢朝、起祸、赋籍、作难、作色、作事、司徒、司马、侧身、侧席、陈词、饬身、从风、错意、盥手、断交、陵节、流血、剖符、擅权、食言、适欲、委身、闻命、衅钟、谢罪、用事、承明、主书、相国、执政、避舍、乘轩、委质、侧身、失火、失策、失计等等。

支配式复音词的特点：

第一，数量增多，词汇化程度不高。

支配式复音词虽然在甲骨文中就已出现，如"御史"[1]等，但直到先秦汉语，数量仍然不多。王力曾说："从意义上来说，把行为及其结果在一个动词性仂语中表示出来……在

---

[1] 伍宗文.先秦汉语复音词研究[M].成都：巴蜀书社，2001：285-290.

上古时期是比较少见的"。[1]《诗经》里只有13个支配式复音词，[2]《墨子》中的动宾式复音词有34个，[3]到了两汉时期，支配式复音词得到了进一步发展，《淮南子》中有45个，[4]《说苑》中的支配式复音词总计达到了84个。虽然在数量上支配式复音词与联合式、偏正式复音词相比有很大的差距，但是与先秦时期相比，它的能产性增强了。因为支配式复音词的构成成分接近句子主干且充当句法成分，所以凝固性不够强，词汇化程度不高，存在相当一部分中间可以拆开或插入其他成分的离合词。例如"食言"一词，中间可插入代词"其"：

何贤乎荀息？荀息可谓不食其言矣。（《公羊传·僖公十年》）

即使到了"食言"一词早已广泛并稳定使用的中古时期，中间仍旧经常插入"其"，如：

武功之捷，皆我之力，许以泾州、灵州相报，皆食其言。（《旧唐书·吐蕃下》）

倘食其言而自为东帝，是逆天也，逆天者必有大咎。（《元史·耶律留哥列传》）

第二，词性分布扩大，词义涉及范围渐广。

---

[1] 王力.汉语史稿[M].北京：中华书局，2015：466.

[2] 向熹.《诗经》里的复音词[M]//语言学论丛：第六辑.北京：商务印书馆，1980：27-54.

[3] 钱光.《墨子》复音词初探[J].甘肃社会科学，1992（1）.

[4] 肖金香.《淮南子》复音词研究[D].湖南科技大学，2010.

先秦时期支配式复音词大都是表示官职典制的名词，如典路、掌查、主书，还有少量表示节气、星宿的名词，如立春、立秋、启明、牵牛。到了《说苑》中，支配式复音词的词性不仅仅局限于名词，动词、形容词、副词都有，词义也不再只是单纯地表示官职和节气等具体名称，还有表示具体动作、行为的，如侧身、拊手，还有表示抽象事物的，如起祸、造命，还有表示情感和心理活动的，如得意、作难。这些词的词义涉及社会生活的许多方面，体现了汉语复音词的日趋发展和进步。

二、主谓式

主谓式复音词又称表述式或陈述式复音词。前一个语素作为被陈述的对象，一般是由一个体词性的语素充当，后一语素用来陈述前一语素，一般是谓词性的语素。《说苑》中主谓式复音词有20个，如鞭笞、狐疑、樵采、德厚、自立、自知、自刎、自守、自得、狗盗、日至、日蚀等，其中动词占多数，也有少量名词和形容词。各类举例如下：

1.动词

锋出（1次）

百方之事，万变锋出。（《说苑·谈丛》）

车裂（5次）

升东阿之台，临四通之街，将数而车裂之。（《说苑·反质》）

自省（3次）

郑伯恶一人而兼弃其师，故有"夷、狄不君"之辞，人主不以此自省，惟既以失实，心奚因知之。（《说苑·君道》）

鞭笞（1次）

然汉王起巴蜀，鞭笞天下，劫诸侯，遂诛项羽灭之。（《说苑·奉使》）

2.名词

丁壮（1次）

其姑告邻之人曰："孝妇养我甚谨，我哀其无子，守寡日久，我老，累丁壮奈何？"（《说苑·贵德》）

日中（6次）

少而好学，如日出之阳；壮而好学，如日中之光。（《说苑·建本》）

庄王归，过申侯之邑，申侯进饭，日中而王不食。（《说苑·君道》）

3.形容词

自私（1次）

所以自奉者，殚天下，竭民力。偏驳自私，不能以及人，陛下所谓自营仅存之主也。（《说苑·至公》）

德厚（3次）

德厚者，士趋之；有礼者，民畏之；忠信者，士死之。（《说苑·谈丛》）

天覆（2次）

孔子怀天覆之心，挟仁圣之德，悯时俗之污泥，伤纪纲之废坏。（《说苑·至公》）

主谓式复音词的特点有：

第一，主谓式复音词因为受到句法语义的限制，所以不容易成词，能产性较低，数量较少，这种状况一直延续到现代。苏宝荣在统计分析了《现代汉语词典》所收录的30000多个复合词后，得到五种构词方式的复音词各自所占比例的相关数据：主谓式只占1%，是最少的，远低于偏正式（54%）、联合式（26%）和述宾式（18%），也低于述补式（2%），说明了现代汉语中主谓式复音词占比情况与汉代时是一致的。①

第二，在词性的分布上，只有名词、动词、形容词三种，构词模式虽然相对简单，但与先秦时期相比仍有一些发展。"自+X"构成了自立、自省、自知、自刎、自守、自得、自修、自杀8个主谓式复音词，说明这一模式能产性较高，后世利用这一模式产生了很多词语。

三、动补式

动补式也称述补式，是由一个表示动作或行为的语素

---

① 苏宝荣. 汉语复合词结构与句法结构关系的再认识[J]. 语文研究，2017（1）.

和一个补充说明前一语素的成分组成,在意义上表示动作行为或变化的结果、方向等。一般前一语素是动词性的,后一语素是动词或形容词性的。此类动补式复音词大多为动词。关于动补式复音词产生的时期,学界有不同的看法。周迟明(1957)、程湘清(1980)认为先秦是动补式复音词的萌芽期,王力(1958)认为动补式复音词产生于西汉时期,还有的学者认为六朝时期才出现动补式复音词。

动补结构作为短语的形式使用在汉代已经比较稳定,出现也非偶然。以"走入"为例,这个词在《说苑》中出现了2次:

齐桓公出猎,逐鹿而走,入山谷之中。《说苑·政理》

走入白之。茅焦邑子同食者,尽负其衣物行亡。《说苑·正谏》

《说文·走部》:"走,趋也。"《说文·入部》"入,内也。""走入"的意思是由外而内走进去。"入"是补充说明"走"这一动作的补语。除了《说苑》,其他书中也有"走入"的出现和使用。

邢子者,自言蜀人也。好放犬子,时有犬走入山穴,邢子随入。(刘向《列仙传》)

渭城女子陈持弓,年九岁,走入城门,入未央宫披庭殿门。(《汉纪·孝成皇帝纪》)

至幽王之时,发而视之,蘩流于庭,化为玄黿,走入后宫,与妇人交,遂生褒姒。(《论衡·异虚篇》)

而且"入"并不仅仅用在"走"这一动词的后面,除了"走入"之外,还出现了"流入""坠入"这样的以"入"作为动作结果的动补式短语。

流入

奏中声为中节。流入于南,不归于北。(《说苑·修文》)

坠入

马方骇而重惊之,系方绝而重镇之;系绝于天,不可复结;坠入深渊,难以复出;其出不出,间不容发。(《说苑·正谏》)

与"入"意义相对的"出"在这一时期尚未进入动补结构来表示动作的趋向,它仍是一个意义完全实在的单音节动词,如:

西闾过东渡河,中流而溺。船人接而出之,问曰:"今者子欲安之?"(《说苑·杂言》)

《说苑》中还出现了一例"趋出"的用法:

保申趋出,欲自流,乃请罪于王。(《说苑·正谏》)

但该形式并不稳定,"趋而出"的形式仍然存在并且占主流。例如:

遂趋而出,楚王遽而追之。(《说苑·正谏》)

由此可以看出"入"作为一个表示结果的补充说明的词,放在动词后面构成动补结构并非个例,而是逐渐成为一种常态;与此同时,与其意义相反的"出"尚未出现这一用法,说明此时仍处于动补式复音词结构发展的早期。可以得出结论，王力提出的动补式复音词产生于西汉的观点是可取的。这一时期有一定的动补式短语已经凝固成词，但是数量还不是很多。

《说苑》复音词中共出现了9个动补式复音词，如填盈、隐绝、御正、离散、望见、顺成、战胜、枯死、平定等。例如：

战胜（6次）

三年，将吴兵，复雠乎楚，战胜乎柏举，级头百万，囊瓦奔郑，王保于随。（《说苑·奉使》）

春秋记国家存亡，以察来世，虽有广土众民，坚甲利兵，威猛之将，士卒不亲附，不可以战胜取功。（《说苑·指武》）

枯死（2次）

此七士者，不遇明君圣主，几行乞丐，枯死于中野，譬犹绵绵之葛矣。（《说苑·尊贤》）

平定（2次）

五年之间，海内平定，此非人力，天之所建也。（《说苑·奉使》）

离散（4次）

家室离散，亲戚被戮，然乃为之，是忘其亲也。（《说苑·贵德》）

御正（2次）

骖谓其御曰："当呼者呼，乃吾事也；子当御正子之辔衔

耳。"(《说苑·善说》)

望见(6次)

被甲之士名曰公卢,望见简子大笑。(《说苑·正谏》)

《说苑》中的动补式复音词基本上都是动词,有可以带宾语的及物动词,如御正、望见等,也有不可以带宾语的不及物动词,如顺成、隐绝等。动补式复音词的后一语素在意义上可以分为两类:一类主要表示动作的趋向,如"辞去";另一类主要表示动作的结果,如"枯死"。从数量上看,这一时期能够完全确定为动补式的复音词似乎还不是很多,但是动补式结构在文中出现的频率却并不低,这为魏晋南北朝时期动补式词语的大量出现打下基础。

四、附加式

附加式属于语法造词,也是汉语中除比较能产的联合式、偏正式之外又一比较能产的复音词结构。

附加式复音词一般是由一个词根和一个附加成分构成的,词根是有实在词汇意义的实语素,词缀是词汇意义虚化的成分,没有实际的意义。按照附加成分的位置来划分,附加式复音词可以分为前附式和后附式两大类。《说苑》里在前附式中充当附加前缀的语素有"阿""有""相"3个,在后附式中充当附加后缀有"然""如""乎""而""焉"5个。

1.前附式

以"有"作为前缀的有:

有戎

至于有戎之隧,大风折斾。(《说苑·权谋》)

有苗

当舜之时,有苗氏不服。其所以不服者,大山在其南,殿山在其北。(《说苑·君道》)

有司

穆公知其君子也,令有司具沐浴为衣冠与坐,公大悦。(《说苑·臣术》)

有顷

坐有顷,太子不视也,又不问也。(《说苑·反质》)

有间

二人立有间,不能入。(《说苑·立节》)

有莘

伊尹,有莘氏媵臣也,负鼎俎,调五味,而佐天子,则其遇成汤也。(《说苑·杂言》)

有质、有仪、有文、有嘉

食则有质,饮则有仪,往则有文,来则有嘉。(《说苑·辨物》)

以"阿"为前缀的有:

阿房

作前殿阿房，东西五百步，南北五十丈，上可以坐万人，下可建五丈旗。(《说苑·反质》)

阿东

升阿东之台，临四通之街，将数而车裂之。(《说苑·反质》)

以"相"作为前缀构成的复音词数量较多，有28个：相与、相若、相通、相当、相亲、相望、相见、相应、相携、相遇、相会、相成、相动、相生、相养、相胜、相强、相劝、相反、相离、相接、相继、相爱、相加、相告、相矜、相因、相聚。

相动

唱和有应，回邪曲直，各归其分，而万物之理，以类相动也。(《说苑·修文》)

期月，四方之士相携而并至矣。(《说苑·尊贤》)

相与

齐宣王出猎于社山，社山父老十三人相与劳王。(《说苑·善说》)

相养

善者必先乎鳏寡孤独，及病不能相养，死无以葬埋，则葬埋之。(《说苑·修文》)

相聚

乃相聚如莒,求诸公子,立为襄王。(《说苑·立节》)

相应

故声同则处异而相应,德合则未见而相亲,贤者立于本朝,则天下之豪,相率而趋之矣,何以知其然也?(《说苑·尊贤》)

相告

乃使御史悉上诸生。诸生传相告,犯法者四百六十余人,皆坑之。(《说苑·反质》)

相若

白公至于室无营所,下士者三人,与己相若。(《说苑·权谋》)

相矜

男女饰美以相矜,而能无淫泆者,未尝有也。(《说苑·反质》)

2.后附式

以"然"为后缀构成的词有戚然、骚然、廓然、踔然、蹶然、忿然、愀然、勃然、默然、超然、怫然、卒然等40个。"然"的意思基本可以理解为"……的样子"。

戚然

故战服大国,义从诸侯,戚然忧恐,圣知不在乎身,自惜不肖,思得贤佐,日中忘饭,可谓明君矣。(《说苑·君道》)

按：忧虑的样子。

蹶然

有顷，乃苏，蹶然而起。（《说苑·建本》）

按：突然的样子。

愀然、勃然

愀然清静者，鲽绖之色；勃然充满者，此兵革之色也。（《说苑·权谋》）

按：愀然，忧愁的样子；勃然，兴起的样子。

默然

于是翟黄默然变色，内惭不敢出，三月也。（《说苑·臣术》）

按：沉默不语的样子。

骚然

尊其位，重其禄，显其名，则天下之士骚然举足而至矣。（《说苑·君道》）

按：纷纷的样子。

泫然

于是孟尝君泫然泣涕，承睫而未殒。（《说苑·善说》）

按：流泪的样子。

"然"是最具能产性的，也是王力所说的寿命最长的词尾。

以"而"为后缀构成的词有俄而、已而、幸而。

俄而

俄而晋、鲁往聘，以使者戏，二国怒。（《说苑·敬慎》）

按：也作"俄尔"，表示短时间、不久。

已而

奉初以还，故遣之。已而悔之，亦无及也。(《说苑·立节》)

按：不久、后来。

幸而

先生幸而有之，则粪土之息，得蒙天履地而长为人矣。(《说苑·辨物》)

按：侥幸、幸运之义。

以"焉"为后缀构成的词有少焉、懔懔焉、穷穷焉。

少焉

少焉，子贡入见，公以二子言告之。(《说苑·政理》)

按：时间短，一会儿。

懔懔焉

懔懔焉如以腐索御奔马。(《说苑·政理》)

按：危险恐惧的样子。

穷穷焉

当是之时也，固不可以闻飞鸟疾风之声，穷穷焉固无乐已。(《说苑·善说》)

按：穷困的样子。

以"如"作为后缀构成的词有：

循循如

幽闲则循循如也,动则有仪容。(《说苑·辨物》)

按:恭顺有序的样子。

信信如

宁则信信如也,动则着矣。(《说苑·辨物》)

按:伸开舒展的样子。

"乎"在《说苑》中作词尾主要用在三字结构中。

巍巍乎

钟子期曰:"善哉乎鼓琴!巍巍乎若太山。"(《说苑·尊贤》)

按:山高大的样子。

汤汤乎

钟子期复曰:"善哉乎鼓琴!汤汤乎若流水。"(《说苑·尊贤》)

按:水流浩大的样子。

容容乎

容容乎与世沈浮上下,左右观望,如此者,具臣也。(《说苑·臣术》)

按:苟且敷衍、随众附和的样子。

彬彬乎、洋洋乎

可好之色,彬彬乎且尽,洋洋乎安托无能之躯哉!(《说苑·建本》)

按：彬彬乎，美丽漂亮的样子；洋洋乎，无边无涯、无所归依的样子。

泛泛乎

遇天大雨，水潦并至，必浮子，泛泛乎不知所止。(《说苑·正谏》)

按：水中漂浮的样子。

《说苑》附加式复音词3个前缀，其中"阿"和"有"在先秦时期已经产生，"相"则是在汉代新产生的词缀，也是三者中最活跃能产的，由"相"构成的复音词有28个之多。5个后缀中，"如""乎""而""焉"是对先秦已有的词缀的继承，"然"也是先秦已有的词缀，但是在汉代变得更加能产，也是这几个词缀中最能产最长寿的，一直到现代汉语中还在不断产生新词。由此可见，《说苑》中附加式复音词的词缀继承先秦的比较多，新生的较少，但是新生的词缀能产性较强，比较活跃。

五、重叠式

重叠式复音词，顾名思义就是两个相同的字重叠构成的词。重叠式复音词不同于单纯词中的叠音词，二者的区别在于重叠式复音词是一个有意义的单字的重叠，重叠后形成的词的意义与原字义有关，而作为单纯词的叠音词，它的单字或是无意义的，或只是起到标音的作用。

重叠式复音词在《说苑》中有60个,主要是形容词,按照形式可以分为单音节重叠词和双音节重叠词两类。

1.单音节重叠词(AA式)

夫人臣内不得意,外交诸侯,自以先王谋臣,今不用,常怏怏,愿王早图之。(《说苑·正谏》)

子贡问治民于孔子,孔子曰:"懔懔焉如以腐索御奔马。"(《说苑·政理》)

继体君世世不可居高祖之寝,故有高寝。(《说苑·修文》)

故武王谔谔而昌,纣嘿嘿而亡。(《说苑·正谏》)

泉源溃溃,不释昼夜,其似力者。(《说苑·杂言》)

忽忽之谋,不可为也;惕惕之心,不可长也。(《说苑·谈丛》)

可好之色,彬彬乎且尽,洋洋乎安托无能之躯哉!(《说苑·建本》)

儿又有两两相牵,屈一足而跳,曰:"天将大雨,商羊起舞。"(《说苑·辨物》)

夫铢铢而称之,至石必差;寸寸而度之,至丈必过;石称丈量,径而寡失。(《说苑·正谏》)

2.双音节重叠词(AABB式)

方兴未登,惆惆憧憧,专一想亲之容貌彷佛,此孝子之诚也。(《说苑·修文》)

所谓天者,非谓苍苍莽莽之天也。(《说苑·建本》)

有昭辟雍,有贤泮宫,田里周行,济济锵锵,而相从执质,有族以文。(《说苑·建本》)

淑淑渊渊,深不可测,其似圣者。(《说苑·杂言》)

通过对《说苑》重叠式复音词的分析,可以得出以下结论:第一,在先秦时期已出现且比较常用的单音节重叠词,在《说苑》中得到了继承,其中不少直接来自《诗经》,如温温、萋萋、悄悄。但也有了新的发展,一方面《说苑》中出现了一些新的单音节重叠词,如怏怏、鸷鸷、冥冥;另一方面还出现了双音节的重叠词,虽然数量并不多,但这是对原有构词法的一种新发展,如苍苍莽莽、偶偶憧憧。第二,重叠式复音词大多为形容词,如悠悠、遥遥、懔懔等;也有少数名词,如世世。重叠式复音词的构成成分也大都为形容词,但也有少数数词或量词,如两两、寸寸等。

六、综合式

综合式复音词,指的是由两种或两种以上的构词方式构成的三音节或多音节复合词。从词性来看,这些词大都是名词。按照意义来划分的话,可以分为专有名词和普通名词两类。专有名词不包含在本书的研究范围之内,也不包括在对《说苑》一书复音词数量的统计范围内,但是为了通过展示多音节词构成的情况来体现《说苑》复音词的构词途径,特地在此列出。

1.专有名词

主要是地名和人名、官职名,例如:

九州

八荒之内有四海,四海之内有九州。天子处中州而制八方耳。(《说苑·辨物》)

三足鼎

汤之时大旱七年,雒坼川竭,煎沙烂石,于是使人持三足鼎,祝山川。(《说苑·君道》)

咸阳宫

皇帝大怒,毒惧诛,因作乱,战咸阳宫。(《说苑·正谏》)

太中大夫

归报,高祖大悦,拜为太中大夫。(《说苑·奉使》)

大将军长史

吉从大将军长史转迁至御史大夫,宣帝闻之,将封之。(《说苑·复恩》)

太子傅

居一年,召以为太子傅。(《说苑·贵德》)

士大夫

虞人与芮人质其成于文王,入文王之境,则见其人民之让为士大夫。(《说苑·君道》)

卿大夫

百里奚自卖取五羊皮，为伯氏牧羊，以为卿大夫，则其遇秦穆公也。（《说苑·杂言》）

监御史

于是当选士马日，护军诸校列坐堂皇上，监御史亦坐。（《说苑·指武》）

2.普通名词

嫪人子

（毐）瞋目大叱曰："吾乃皇帝之假父也，嫪人子何敢乃与我亢！"（《说苑·正谏》）

皇太后

始皇乃取毐四肢车裂之，取其两弟囊扑杀之，取皇太后迁之于萯阳宫。（《说苑·正谏》）

汤沐邑

齐侯大悦曰："寡人今者得兹言三，贤于鹄远矣。寡人有都郊地百里，愿献子大夫以为汤沐邑。"（《说苑·奉使》）

羽玉具剑

经侯往适魏太子，左带羽玉具剑，右带环佩。（《说苑·反质》）

除此之外，《说苑》中还出现了一些四字成语，如厌难折冲、孤陋寡闻、肝脑涂地、移风易俗、无可奈何、自以为是、易于反掌、秉烛夜读、慎终如始、尸禄素餐等。其中有些是从先秦典籍中继承下来的，如移风易俗、慎终如始，也有首次见于《说苑》的，如秉烛夜读。因篇幅有限，且成语的形成与复音词有很大的不同，故在此不展开讨论。

综上所述，《说苑》综合式复音词主要有以下几个特点。首先，综合式复音词中专有名词占多数，但也有一些普通名词。这与"先秦已有三音词出现，但绝大多数是专词，次专词（专指一种事物但不是特定事物，如官名、书名）和普通名词只占极少数"①相比，数量和形式上都有了新的发展变化。数量上，普通名词有所增加，表示人和物的名词都有。其次，从形式上看，综合式复音词以三音节为主，也有三音节以上的词。在三音节词中，通常最后一个语素是作为一个大类名的语素，前面的语素则是起修饰限定作用的。例如"宫"作为大类名构成了咸阳宫、蕡阳宫、甘泉宫，"氏"作为大类名构成了山戎氏、神农氏、中行氏，等等。再次，从词性上看，综合式复音词大都是名词，未见其他词性，在构成上第一层基本上是偏正式，第二层也多为偏正式，如【偏（偏正）+正】寠人子、三足鼎等；也有一些第一层是偏正式，第二层是支配式、联合式、附加式的，如【偏+正（支配）】大将军，【偏（联合）+正】监御史、二三子，【偏（附加）+正】有扈氏、有苗氏，等等。还有一些综合式复音词第一层结构是并列式的，如士大夫、卿大夫等。

---

① 程湘清.汉语史专书复音词研究[M].北京：商务印书馆，2003：172.

第二章 《说苑》复音词中的新词新义

社会是不断发展变化的，人们对社会的认知也在逐渐加深，因此与人的认知和社会生活都密不可分的语言也不会一成不变。在语言的发展变化过程中，词汇是语言各要素中最活跃、最敏感的部分，新词的产生便是一个例证。

关于新词，不少学者都有研究。张永言认为新词"是为了适应文化发展和社会生活变化的需要而新造的那些词"。在谈到新词的构成时他又说："新词一般是利用语言里已有的构词材料按照既定的构词规则产生出来的。"[1]张能甫对新词新义的判定是："根据书面文献记载，反映出来的某个时代最早使用的词语和意义。"[2]王铁琨则指出："新词语是指一个新创造的或从其他语言中，从本民族语言的方言词、

---

[1] 张永言.词汇学简论：训诂学简论[M].上海：复旦大学出版社，2015：79-80.

[2] 张能甫.从郑玄笺注看东汉时代的新词新义[M]//四川大学汉语史研究所.汉语史研究集刊：第二辑.成都：巴蜀书社，2000：367.

古语词和行业语中新借用过来的词语，也指一个产生了新语义、新用法的固有词语。"①

李建国提出："所谓新词新语，就是新出现的、符合民族语言构词法则的、表义明确而能进行交际的词语。这个定义包含三个内容：（1）新词语必须合乎民族语言的构词规律，而不是个人任意拼合和玩弄字词的结果；（2）新词语必须有明确的意义，而不是含义模糊、除自己外他人都莫名其妙的'词语'；（3）新词语必须以不影响交际为基准，否则歧义纷呈，失去了语言的社会性，只能是个人的胡言乱语。"②

新词的定义尚未有一个统一的标准，而新词与新义是否为同一个概念范畴，学界也有不同的观点。沈孟璎认为"赋予原词语以新义的"，不管新义是否和旧义有关联，"应统统看作是新词。"③李宗江认为应该将新义位的产生等同于新词的出现。张振德建议将新词的产生和词义的引申区分开来。

蒋绍愚提出，从历史角度看，同一个词在语音的不同历史时期，音和义都会有变化。只要读音变化符合语音发展

---

① 王铁琨. 新词语的判定标准与新词新语词典编纂的原则[J]. 语言文字应用，1992（4）.

② 李建国. 新词新语研究与辞书编纂[J]. 辞书研究. 1996（3）.

③ 沈孟璎. 略论新词语的特征[M]//新词·新语·新义. 福州：福建教育出版社，1987：3-5.

的规律，古今意义有历史的联系，就是同一个词。张永言认为："有一些词就它们的外部形式来看可以说是语言里固有的，但是它们已经获得了新的意义内容，而新义和旧义之间又没有明显的联系，这样的词也应当算是新词。"①

新词与新义的判定，主要分歧在于有引申义是否算作新词的产生。此处采纳张永言的观点，也就是说新创造的词语，概念与形式都是新的，自然是新词。有新义项产生的词要看新义与旧义之间是否有联系，有一定联系的，则为旧词；新义与旧义没有联系的，新义对应的词则为新词，新词和旧词只是同形词。

目前学界确定新词的标准一般有两个：一是辞书例证，主要是以《汉语大词典》《辞源》等大型辞书收例作为标准；二是历史语料，即参考前代的一些重要典籍文献。本书在判定《说苑》一书中的复音词新词新义时，以《汉语大词典》《辞源》所收词条作为主要依据，同时以具有代表性的先秦、西汉文献作为主要参照进行检索。《说苑》中出现的复音词，在《说苑》之前的语料文献中未曾出现的，定为《说苑》中的新词；《说苑》中出现的复音词，在《说苑》之前的语料文献中已经出现，但在《说苑》中出现的义项，在《说苑》之前的语料中未出现，且该义项与原义项语义

---

① 张永言. 词汇学简论：训诂学简论[M]. 上海：复旦大学出版社，2015：80.

上无关联，也确定为新词；某复音词在《说苑》中出现的义项，在《说苑》之前的语料中未出现，但该义项与原义项在语义上有关联，则确定为新义。不过，因为无法穷尽所有文献，得出的结论未必十分准确，随着研究的深入，还有进一步提升的空间。正如董志翘所说："所谓新词、新义，本没有一个绝对的标准……随着研究的深入，调查文献的面不断拓展，有些新词新义的出现年代也会不断改变。"[①]但是，通过对《说苑》中复音词尽可能全面、穷尽式地调查，整理出其中的新词新义，可以对西汉复音词研究以及复音词的探源溯流起到一定的补充作用。

第一节　《说苑》中的新词

《说苑》复音词中有新词562个，其中双音节新词521个，三、四音节新词41个。本节主要讨论这521个双音节新词。按照义项的数目来分类，这些双音节新词可以分为单义词和多义词两类。

---

① 董志翘.《入唐求法巡礼行记》词汇研究[M]. 北京：中国社会科学出版社，2000：91.

一、单义词

只有一个义项的复音词,即为单义词。《说苑》中出现的新单义词举例如下:

宿善(1次)

文王问于吕望曰:"为天下若何?"对曰:"王国富民,霸国富士;仅存之国,富大夫;亡道之国,富仓府;是谓上溢而下漏。"文王曰:"善!"对曰:"宿善不祥。"是日也,发其仓府,以振鳏寡孤独。(《说苑·政理》)

按:善事隔宿而不立刻行动。

钓屠(1次)

释父兄与子孙,非疏之也;任庖人、钓屠与仇雠、仆虏,非阿之也;持社稷立功名之道,不得不然也。(《说苑·尊贤》)

按:屠宰牲畜。因为吕尚曾屠牛于朝歌,垂钓于兹泉,所以此处借指吕尚。向宗鲁《〈说苑〉校证》:"钓屠谓吕尚。"

淫民(3次)

国其有淫民乎?(《说苑·政理》)

按:游乐怠惰的人。

稠林(1次)

吾尝见稠林之无木,平原为溪谷,君子为御仆。(《说苑·敬慎》)

按：密林。

出夫（1次）

太公望，故老妇之出夫也，朝歌之屠佐也，棘津迎客之舍人也，年七十而相周，九十而封齐。（《说苑·尊贤》）

按："出夫"与"出妇"相对，指被逐出的赘婿。

药言（2次）

故药尝乎卑，然后至乎贵，教也；药言献于贵，然后闻于卑，道也。（《说苑·君道》）

按：劝诫的话。

假父（2次）

秦始皇帝太后不谨，幸郎嫪毐，封以为长信侯……饮酒醉，争言而斗，瞋目大叱曰："吾乃皇帝之假父也。"（《说苑·正谏》）

按：义父。

荐席（2次）

夫布荐席、陈篑篹者有人，臣不敢与焉。（《说苑·正谏》）

按：垫席。

隐官（2次）

平公问于隐官曰："占之为何？"隐官皆曰："不知。"（《说苑·正谏》）

按：专说隐语廋辞以供皇帝取乐的人。

苟言（1次）

恶语不出口，苟言不留耳。（《说苑·谈丛》）

按：不实之言。

自奉（3次）

贤君之治国，其政平，其吏不苛，其赋敛节，其自奉薄。（《说苑·政理》）

按：自身日常生活的供养。

化术（1次）

仲弓通于化术，孔子明于王道。（《说苑·修文》）

按：教化之道。

显士（1次）

千人谤狱，不可为直辞；万人比非，不可为显士。（《说苑·杂言》）

按：名士、名流。

渔夫（1次）

入深渊，刺蛟龙，抱鼋鼍而出者，此渔夫之勇悍也。（《说苑·善说》）

按：以捕鱼为业的人。

智臣（1次）

四曰明察幽，见成败，早防而救之，引而复之，塞其间，绝其源，转祸以为福，使君终以无忧，如此者，智臣也。（《说苑·臣术》）

按：智谋之臣。

旁邻（1次）

旁邻窥墙而问之曰："子何故而哭悲若此乎？"（《说苑·权谋》）

按：近邻、邻居。

晨兴（1次）

黄帝即位，惟圣恩承天，明道一修，惟仁是行，宇内和平，未见凤凰，维思影像，夙夜晨兴。（《说苑·辨物》）

按：早起。

觞政（1次）

魏文侯与大夫饮酒，使公乘不仁为觞政。（《说苑·善说》）

按：酒令。

嘉号（1次）

孝行成于内，而嘉号布于外，是谓建之于本，而荣华自茂矣。（《说苑·建本》）

按：美名，好名声。

草药（1次）

今夫辟地殖谷，以养生送死，锐金石，杂草药，以攻疾。（《说苑·建本》）

按：取材于普通植物的药材。

佣肆（1次）

今周以贫故来贷粟,而曰"须我邑粟来也而赐臣",即来,亦求臣佣肆矣。(《说苑·善说》)

按:出卖劳力的市场。

粟秩(1次)

民有饥色,而马有粟秩。(《说苑·正谏》)

按:俸禄。古时以粟米支俸,故称。

橛机(1次)

修近理内,政橛机之礼,壹妃匹之际。(《说苑·政理》)

按:谓门内,亦指内室。

文化(1次)

凡武之兴,为不服也,文化不改,然后加诛。(《说苑·指武》)

按:文治教化。

刚武(2次)

非仁义刚武无以定天下。(《说苑·谈丛》)

按:刚健勇武。

蹙人(1次)

蹙人日夜愿一起,盲人不忘视。(《说苑·谈丛》)

按:患风痹病的人,指瘫子。

马蚿(1次)

马蚿折而复行者何?以辅足众也。(《说苑·杂言》)

按:即马陆,一种昼伏夜出的节肢动物。

嫡位（1次）

今楚多宠子，而嫡位无主，乱自是生矣。（《说苑·建本》）

按：嗣子的名分。

榜枻（3次）

会钟鼓之音毕，榜枻越人拥楫而歌。（《说苑·善说》）

按：船桨，引申为使船。

韦衣（1次）

林既衣韦衣，而朝齐景公。齐景公曰："此君子之服也？小人之服也？"（《说苑·善说》）

按：皮制的上衣，古时多为山野之民所服。

柘杵（1次）

歆！日之役者，有执柘杵而上视者，意其是邪！（《说苑·权谋》）

按：用柘木制的杵。

旌旄（1次）

有狂兕从南方来，正触王左骖，王举旌旄，而使善射者射之，一发，兕死车下。（《说苑·权谋》）

按：军中用以指挥的旗子。

撙辱（1次）

内治未得，恣则不料力，权得失，兴兵而征强楚，师大败，撙辱不行，大为天下笑。（《说苑·指武》）

按：屈辱。

白冠（2次）

孙叔敖为楚令尹，一国吏民皆来贺；有一老父衣粗衣，冠白冠，后来吊。（《说苑·敬慎》）

按：白色帽子，指丧服。

环流（1次）

孔子观于吕梁，悬水四十仞，环流九十里。（《说苑·杂言》）

按：回环曲折地流。

市征（2次）

赵简子曰："吾门左右客千人，朝食不足，暮收市征，暮食不足，朝收市征，吾尚可谓不好士乎？"（《说苑·尊贤》）

按：市场税收。

拘厄（1次）

襄子曰："吾在拘厄之中，不失臣主之礼，唯赫也。子虽有功，皆骄寡人。与赫上赏，不亦可乎？"（《说苑·复恩》）

按：受困遭难。

炊灼（1次）

炊灼九窍而定经络，死人复为生人，故曰俞柎。（《说苑·辨物》）

按：烧灼、熏灼。

珍币（1次）

太王有至仁之恩，不忍战百姓，故事勋育戎氏以犬马珍币，

而伐不止。(《说苑·至公》)

按：珍宝财物。

参舆（1次）

诸侯四匹，乘舆，大夫曰参舆。(《说苑·修文》)

按：古时大夫所乘坐的三匹马驾的车。

根素（1次）

自今以来，无以美妾疑妻，无以声乐妨政，无以奸情害公，无以货利示下。其有之者，是谓伐其根素，流于华叶。(《说苑·反质》)

按：根本。

笼狎（1次）

士以雉为贽。雉者，不可指食笼狎而服之，故士以雉为贽。(《说苑·修文》)

按：将动物畜养于笼中加以戏弄。

鹿醢（1次）

今夫兰本三年，湛之以鹿醢，既成，则易以匹马。非兰本美也，愿子详其所湛。(《说苑·杂言》)

按：用鹿肉制成的酱。

船楫（1次）

乘舆马不劳致千里，乘船楫不游绝江海。(《说苑·谈丛》)

按：船和桨，泛指船只。

顾宠（1次）

夫大臣重禄而不极谏，近臣畏罪而不敢言，左右顾宠于小官而君不知。（《说苑·善说》）

按：眷顾宠信。

攻盗（1次）

所谓诛之者，非谓其昼则攻盗，暮则穿窬也，皆倾覆之徒也。（《说苑·指武》）

按：攻击抢夺。

假寐（1次）

宣子盛服将朝，尚早，坐而假寐。（《说苑·立节》）

按：假寐。

监烛（1次）

昔昭王娶于房，曰房后，是有爽德，协于丹朱，丹朱凭身以仪之，生穆王焉。是监烛周之子孙而福祸之。（《说苑·辨物》）

按：监察。

槃衍（1次）

灵龟文五色，似金似玉，背阴向阳。上隆象天，下平法地，槃衍象山。四趾转运应四时，文着象二十八宿。（《说苑·辨物》）

按：盘曲延展貌。

蕃援（1次）

防我以礼，谏我以谊，蕃援我使我不得为非者，数引我而请于贤人之门，吾以为次赏。（《说苑·复恩》）

按：护卫辅助。"蕃"通"藩"。

赠遗（1次）

辞禄让赐，不受赠遗，衣服端齐，饮食节俭，如此者，贞臣也。（《说苑·臣术》）

按：赠送，赠给。

吊唁（1次）

斩衰裳，苴绖杖，立于丧次，宾客吊唁无不哀者。（《说苑·修文》）

按：哀悼死者并慰问生者。

昧揥（1次）

物故有昧揥而中蛟头，掩目而别白黑者。（《说苑·辨物》）

按：暗中抛出。

句倨（1次）

夫水者，君子比德焉。遍与而无私，似德；所及者生，似仁；其流卑下句倨，皆循其理，似义。（《说苑·杂言》）

按：弯曲，曲折。

谩诶（1次）

夫徼幸者，伐性之斧也；嗜欲者，逐祸之马也；谩诶者，穷

101

辱之舍也。(《说苑·敬慎》)

按：欺谩谄谀。

阻乏（1次）

汤欲伐桀。伊尹曰："请阻乏贡职以观其动。"(《说苑·权谋》)

按：阻止和减少。

衅咎（1次）

民之衅咎血成于通涂，然且未敢谏也，己何敢谏乎？(《说苑·正谏》)

按：过失，罪过。

施化（2次）

十六精通而后能施化。(《说苑·辨物》)

按：生育。

没溺（1次）

不临于深渊，何以知没溺之患；不观于海上，何以知风波之患。(《说苑·杂言》)

按：沉没。

野游（1次）

野游则驰骋弋猎乎平原广囿，格猛兽。(《说苑·善说》)

按：到野外游玩。

肆断（1次）

其大夫比党以求禄爵，其百官肆断而无告。(《说苑·辨物》)

按：犹武断，谓以权势任意决断曲直。

喜功（1次）

魏文侯攻中山，乐羊将，已得中山，还，反报文侯，有喜功之色。（《说苑·复恩》）

按：自负其功。

誉谀（1次）

忠良切言，皆郁于胸；誉谀之声，日满于耳。（《说苑·贵德》）

按：颂扬阿谀。

指属（1次）

见菟而指属，则无失菟矣；望见而放狗也，则累世不能得菟矣！（《说苑·善说》）

按：指示。

亏败（1次）

昆吾自臧而满意，穷高而不衰，故当时而亏败，迄今而逾恶。是非损益之征与？（《说苑·敬慎》）

按：败坏，损失。

黄冕（1次）

于是乃备黄冕，带黄绅，斋于中宫，凤乃蔽日而降。（《说苑·辨物》）

按：黄色之冠，天子所服。

诎免（1次）

所亡之地弗求而自为来，尊宠不武而得之，可谓能诎免变化以致之。（《说苑·敬慎》）

按：谦卑退让，屈己下人。

痛怨（1次）

民神痛怨，无所依怀，故神亦往焉，观其苛慝而降之祸。（《说苑·辨物》）

按：怨恨。

淫祸（1次）

国不加治，狱讼不息，处士不升，淫祸不讨。（《说苑·至公》）

按：大祸。

汤粥（1次）

古者有菑者谓之厉。君一时素服，使有司吊死问疾，忧以巫医。匍匐以救之，汤粥以方之。（《说苑·修文》）

按：汤药和稀饭。

姣好（2次）

貌者，男子之所以恭敬，妇人之所以姣好也。（《说苑·修文》）

按：容貌美丽。

显令（2次）

内心修德，外被礼文，所以成显令之名也。（《说苑·修文》）

按：显彰美好。

湫厉（1次）

故其音湫厉而微末，以象杀伐之气。（《说苑·修文》）

按：凄厉。

恭庄（1次）

和节中正之感不加乎心，温俨恭庄之动不存乎体。（《说苑·修文》）

按：敬肃端庄。

修激（1次）

非良笃修激之君子，其谁能行之哉？（《说苑·立节》）

按：有操守且言行激切果决。

荫蔽（1次）

臣终不敢以荫蔽之德，而不显报王也。（《说苑·复恩》）

按：庇荫。

颇险（1次）

中实颇险，外貌小谨，巧言令色，又心嫉贤。（《说苑·臣术》）

按：邪恶不正。

单尽（1次）

黔首匮竭，民力单尽，尚不自知。（《说苑·文质》）

按：竭尽。"单"通"殚"。

勇断（1次）

故能身死名流于来世，非有勇断，孰能行之？（《说苑·立节》）

按：勇敢果断。

亭燧（1次）

昔夏之兴也，祝融降于崇山；其亡也，回禄信于亭隧。（《说苑·辨物》）

按：烽火亭。

箧椟（1次）

天子藏于四海之内，诸侯藏于境内，大夫藏于其家，士庶人藏于箧椟。（《说苑·反质》）

按：书香与木柜。

浪汗（1次）

雍门子周引琴而鼓之，徐动宫徵，微挥羽角，切终而成曲。孟尝君涕浪汗增欷，下而就之曰："先生之鼓琴，令文立若破国亡邑之人也。"（《说苑·善说》）

按：纵横散乱的样子。

傧厌（1次）

不若处势隐绝，不及四邻，诎折傧厌，袭于穷巷，无所告愬。（《说苑·善说》）

按：排斥，摈弃。

秉权（1次）

今霍氏秉权，天下之人疾害之者多矣。（《说苑·权谋》）

按：执掌政权。

博采（1次）

凡处尊位者，必以敬下，顺德规谏，必开不讳之门，蹲节安静以藉之。谏者勿振以威，毋格其言，博采其辞，乃择可观。（《说苑·君道》）

按：广泛地搜集采纳。

比假（1次）

夫禽兽昆虫犹知比假而相有报也，况于士君子之欲兴名利于天下者乎？（《说苑·复恩》）

按：互相亲近、帮助。

饬身（2次）

既知天道，行躬以仁义，饬身以礼乐。（《说苑·辨物》）

按：警饬己身，使自己的思想言行谨严合礼。

愕惊（1次）

遂斩监御史。护军及诸校皆愕惊，不知所以。（《说苑·指武》）

按：惊讶吃惊。

縠兵（2次）

秦、楚縠兵，秦王使人使楚。（《说苑·奉使》）

按：犹构兵，即交战。"縠"通"构"。

107

积袭（1次）

珠玉重宝，积袭成山。（《说苑·反质》）

按：积累沿袭。

寄心（1次）

枝无忘其根，德无忘其报，见利必念害身。故君子留精神寄心于三者，吉祥及子孙矣。（《说苑·谈丛》）

按：寄托心意。

加冠（1次）

君子始冠，必祝成礼，加冠以厉其心。（《说苑·修文》）

按：古代男子二十岁行加冠礼，表示成年。

矫摩（1次）

子容捣药，子明吹耳，阳仪反神，子越扶形，子游矫摩，太子遂得复生。（《说苑·辨物》）

按：按摩。

诘穷（1次）

讯狱诘穷其辞，以法过之，四阻也。（《说苑·君道》）

按：穷治，即用深文周纳的方法治人之罪。向宗鲁校证："'诘穷'犹'诘诎'。"

拘指（1次）

北面拘指，逡巡而退以求臣，则师傅之材至矣。（《说苑·君道》）

按：拱手，即两手弯转，合抱致敬。

裂绝（1次）

毁坏辟法，裂绝世祀。（《说苑·敬慎》）

按：破坏断绝。

囊扑（2次）

茅焦对曰："陛下车裂假父，有嫉妒之心；囊扑两弟，有不慈之名。"《说苑·正谏》

按：把人装入袋中打死。

求购（1次）

秦皇帝东游，良与客狙击秦皇帝于博浪沙，误中副车。秦皇帝大怒，大索天下，求购甚急。（《说苑·复恩》）

按：悬赏缉捕。

屈尽（1次）

今宫室崇侈，民力屈尽，百姓疾怨，莫安其性，石言不亦可乎？（《说苑·辨物》）

按：竭尽。

却足（1次）

一噎之故，绝谷不食；一蹶之故，却足不行。（《说苑·谈丛》）

按：止步。

让与（1次）

夫赏赐让与者，人之所好也，君自行之。（《说苑·君道》）

按：将自己的财物或权利移转于他人。

深瞑（1次）

惠施卒而庄子深瞑不言，见世莫可与语也。（《说苑·谈丛》）

按：紧闭双目。

肆纵（1次）

居处肆纵，左右慑畏，则东郭牙侍。（《说苑·君道》）

按：恣纵放肆。

损薄（1次）

卑小宫室，损薄饮食，土阶三等，衣裳细布。（《说苑·反质》）

按：降低标准，减损。

填盈（1次）

贤者不然，精化填盈，后伤时之不可遇也。不见道端，乃陈情欲以歌。（《说苑·辨物》）

按：充满。

维思（1次）

黄帝即位，惟圣恩承天，明道一修，惟仁是行，宇内和平。未见凤凰，维思影像，夙夜晨兴。（《说苑·辨物》）

按：思念。

隐绝（1次）

不若处势隐绝，不及四邻，诎折侯厌，袭于穷巷，无所告

愬。(《说苑·善说》)

按：隐居而与世隔绝。

造命（1次）

使者以报楚王，楚王赦之。此之谓造命。(《说苑·奉使》)

按：掌握命运。

遗筹（1次）

白屋之士，皆关其谋；芻荛之役，咸尽其心。故万举而无遗筹失策。(《说苑·权谋》)

按：失算。

讯问（1次）

讯问者智之本，思虑者智之道也。(《说苑·建本》)

按：问询。

畜爱（1次）

文公于是悯中国之微，任咎犯、先轸、阳处父，畜爱百姓，厉养戎士。(《说苑·敬慎》)

按：养育爱护。

文画（1次）

纣为鹿台、糟丘、酒池、肉林，宫墙文画，雕琢刻镂，锦绣被堂。(《说苑·反质》)

按：雕饰彩画。

二、多义词

有两个或两个以上义项的词称为多义词。《说苑》新词中的多义词，指的是该词不止一个义项，但较早的义项见于《说苑》。举例如下：

谒问（1次）

谒问析辞勿应，怪言虚说勿称。（《说苑·谈丛》）

按：求托之言。其他义项不属于新词新义。另一义项为觐见问候。唐代孟棨《本事诗·怨愤》："宰相李适之疏直坦夷，时誉甚美。李林甫恶之，排诬罢免。朝客来，虽知无罪，谒问甚稀。"

问讯（3次）

君子不羞学，不羞问。问讯者知之本，念虑者知之道也。（《说苑·谈丛》）

按：互相通问请教。此为义项①。其他义项不属于新词新义。义项②为打听。《玉台新咏·古诗为焦仲卿妻作》："幸可广问讯，不得便相许。"义项③为问候、慰问。《后汉书·清河孝王庆传》："庆多被病，或时不安，帝朝夕问讯，进膳药，所以垂意甚备。"义项④为僧尼等向人合掌致敬。晋法显《佛国记》："阿那律以天眼遥见世尊，即语尊者大目连：'汝可往问讯世尊。'目连即往，头面礼足，共相问讯。"

旋回（1次）

将军方吞一国之权，提鼓拥旗，被坚执锐，旋回十万之师，擅斧钺之诛，慎毋以士之所羞者骄士。（《说苑·尊贤》）

按：使回旋，喻指挥。其他义项不属于新词新义。另一义项为回环、盘旋。《太平御览》引南朝王琰《冥祥记》："沙门安法开者，北人也，尝见吴公长三尺，自屋堕地，旋回而去。"

凶命（2次）

凡司其身，必慎五本：一曰柔以仁，二曰诚以信，三曰富而贵毋敢以骄人，四曰恭以敬，五曰宽以静。思此五者，则无凶命，用能治敬，以助天时，凶命不至，而祸不来。（《说苑·敬慎》）

按：厄运。其他义项不属于新词新义。另一义项为不祥的命令。晋桓温《荐谯元彦表》："凶命屡招，奸威仍逼，身寄虎吻，危同朝露。"

顽钝（1次）

夫隐括之旁多枉木，良医之门多疾人，砥砺之旁多顽钝。（《说苑·杂言》）

按：不锋利的器物。此为义项①。其他义项不属于新词新义。义项②为愚昧迟钝。汉班固《白虎通·辟雍》："顽钝之民，亦足以别于禽兽而知人伦。"义项③指愚昧而迟钝的人。清刘大櫆《祭望溪先生文》："诱而掖之，振聩开

113

愚,卒令顽钝,稍识夷途。"义项④为圆滑而无骨气。《史记·陈丞相世家》:"然大王能饶人以爵邑,士之顽钝嗜利无耻者,亦多归汉。"义项⑤为蹉跎、虚度光阴。清黄宗羲《辞祝年书》:"乃不意顽钝岁月,遂赢先公之十七。"

香草(1次)

孝于父母,信于交友。十步之泽,必有香草;十室之邑,必有忠士。(《说苑·谈丛》)

按:含有香味的草。此为义项①。其他义项不属于新词新义。义项②为喻忠贞之士。汉王逸《离骚·序》:"《离骚》之文,依《诗》取兴,引类譬谕,故善鸟、香草以配忠贞。"义项③为喻寄情深远的诗篇。宋代苏舜钦《依韵和王景章见寄》:"楚客留情着香草,启期传意入鸣琴。"

豢牢(1次)

是以古者必有豢牢。(《说苑·修文》)

按:兽圈。其他义项不属于新词新义。另一义项为泛指家畜。宋苏轼《次韵张安道读杜诗》:"地偏蕃怪产,源失乱狂涛。粉黛迷真色,鱼虾易豢牢。"

身材(1次)

臣之所能令悲者:有先贵而后贱,先富而后贫者也。不若身材高妙,适遭暴乱无道之主,妄加不道之理焉。(《说苑·善说》)

按:才能。其他义项不属于新词新义。另一义项指身体

114

的高矮和胖瘦。唐寒山《诗》之十九:"手笔太纵横,身材极瑰玮。"

针缕(1次)

顺针缕者成帷幕,合升斗者实仓廪,并小流而成江海。(《说苑·政理》)

按:针和线。此记为义项①。其他义项不属于新词新义。义项②为比喻细小事物。宋代叶适《刘夫人墓志铭》:"内事无针缕不整,家行无纤发不备。"义项③为缝纫刺绣。唐代元稹《君莫非》诗:"妇好针缕,夫读书诗。"

木马(1次)

木马不能行,亦不费食。(《说苑·谈丛》)

按:木制的马。此记为义项①。其他义项不属于新词新义。义项②为"木牛流马"的简称。北周庾信《周车骑大将军贺娄公神道碑》:"旆旟九坂,舳舻双流,还驱木马,更引金牛。"义项③指加马鞍的独轮车。宋沈括《梦溪笔谈》:"行人以独轮小车,马鞍蒙之以乘,谓之'木马'。"义项④为冰上滑行的工具。《新唐书·回鹘传下》:"多善马,俗乘木马驰冰上,以板藉足,屈木支腋,蹴辄百步,势迅激。"

感激(1次)

是故感激憔悴之音作,而民思忧。(《说苑·修文》)

按:感奋激发。此记为义项①。其他义项不属于新词新义。义项②指激动、有生气。唐杜甫《观公孙大娘弟子舞剑器行·序》："（张旭）自此草书长进，豪荡感激。"义项③为衷心感谢。《宋书·范晔传》："又有王国寺法静尼亦出入义康家内，皆感激旧恩，规相拯拔。"

石阙（1次）

立石阙东海上朐山界中，以为秦东门。（《说苑·反质》）

按：石筑的阙，多立于宫庙陵墓之前，用于铭记官爵、功绩或作装饰用。其他义项不属于新词新义。另一义项为汉宫观名。《三辅黄图·汉宫》："建元中，作石阙、封峦、鳷鹊观于（甘泉）苑垣内。"

翠衣（1次）

襄成君始封之日，衣翠衣，带玉璆剑，履缟舄，立于流水之上。（《说苑·善说》）

按：绿色的衣服。此记为义项①。其他义项不属于新词新义。义项②为翠鸟的羽毛。宋林逋《复赓前韵且以陋居幽胜诧而诱之》："秋花挹露明红粉，水鸟冲烟湿翠衣。"义项③借指翠鸟。宋陆游《检旧诗偶见在蜀日江渎池醉归之篇怅然有感》诗："正驰玉勒冲红雨，又挟金丸伺翠衣。"

便巧（1次）

尧体力便巧，不能为一焉。尧为君而九子为臣，其何故也？（《说苑·君道》）

按：灵便敏捷。此记为义项①。其他义项不属于新词新义。义项②指简便灵巧之处。《汉书·食货志四上》:"其耕耘下种田器,皆有便巧。"义项③指简便巧妙的方法。《汉书·沟洫志》:"众庶见王延世蒙重赏,竞言便巧,不可用。"

诎折(2次)

为狄泉之盟,不亲至,信衰义缺,如罗不补,威武诎折不信,则诸侯不朝。(《说苑·敬慎》)

按:压抑。其他义项不属于新词新义。另一义项为屈曲。《汉书·司马相如传下》:"驾应龙象舆之蠖略委丽兮,骖赤螭青虬之蚴蟉宛蜒。低卬夭蟜裾以骄骜兮,诎折隆穷躩以连卷。"颜师古注引张揖曰:"诎折,曲委也。"

泥丸(1次)

随侯之珠,国之宝也,然用之弹,曾不如泥丸。(《说苑·杂言》)

按:小泥球。其他义项不属于新词新义。另一义项为道教语,脑神的别名。道教以人体为小天地,各部分皆赋以神名。《黄庭内景经·至道》:"脑神精根字泥丸。"梁丘子注:"泥丸,脑之象也。"

高妙(1次)

不若身材高妙,适遭暴乱无道之主,妄加不道之理焉。(《说苑·善说》)

按:美善之至。此记为义项①。其他义项不属于新词

117

新义。义项②为技艺高超。《北史·姚僧垣传》:"僧垣医术高妙,为当时所推。"义项③为高才妙手。汉桓谭《新论·本造》:"秦吕不韦请迎高妙,作《吕氏春秋》。"

黄口(4次)

孔子见罗者,其所得者,皆黄口也。孔子曰:"黄口尽得,大爵独不得,何也?"《说苑·敬慎》

按:雏鸟的嘴,借指雏鸟。其他义项不属于新词新义。另一义项为幼儿。《淮南子·氾论训》:"古之伐国,不杀黄口,不获二毛。"高诱注:"黄口,幼也。"

昌炽(1次)

夫谷者,国家所以昌炽,士女所以姣好,礼义所以行,而人心所以安也。(《说苑·建本》)

按:兴旺,昌盛。其他义项不属于新词新义。另一义项为猖獗、猖狂。《资治通鉴·后梁太祖乾化二年》:"我经营天下三十年,不意太原余孽更昌炽如此!"

英乂(1次)

所谓孟尝君者,其人贤人,天下无急则已,有急则能收天下英乂雄俊之士。(《说苑·善说》)

按:才智突出。其他义项不属于新词新义。另一义项为才智突出的人。汉袁术《与陈珪书》:"今世事纷扰,复有瓦解之势矣,诚英乂有为之时也。"

气氛（1次）

是故古者圣王既临天下，必变四时，定律历，考天文，揆时变，登灵台以望气氛。（《说苑·辨物》）

按：指显示吉凶的云气。其他义项不属于新词新义。另一义项为在特定环境中给人强烈感觉的景象或情调。曹禺《雷雨》第一幕："郁热逼人。屋中很气闷，外面没有阳光，天空灰暗，是将要落暴雨的气氛。"

超异（1次）

如主有超异之恩，则臣必死以复之。（《说苑·复恩》）

按：异乎寻常。其他义项不属于新词新义。另一义项为起用异才。唐李翱《荐士于中书舍人书》："在上者无超异之心，因循而不用，则冯唐白首，董生不遇，何足怪哉！"

堂陛（1次）

臣观于朝廷，未观于堂陛之间也。（《说苑·尊贤》）

按：厅堂和台阶，指宫内。其他义项不属于新词新义。另一义项为朝廷。《旧唐书·来瑱传》："或频征不至，或移镇迟留，实乖堂陛之仪，爰及干戈之忿。"

暴害（1次）

居不为垣墙，人莫能毁伤；行不从周卫，人莫能暴害。此君子之行也。（《说苑·贵德》）

按：暴力侵害。其他义项不属于新词新义。另一义项为祸害。汉桓宽《盐铁论·备胡》："古者，明王讨暴卫弱……今

119

不征伐，则暴害不息；不备，则是以黎民委敌也。"

层巢（1次）

夫飞鸟以山为卑，而层巢其巅；鱼鳖以渊为浅，而穿穴其中。（《说苑·敬慎》）

按：垒巢。其他义项不属于新词新义。另一义项为垒于高处的巢。宋苏轼《雷州》诗之二："层巢俯云木，信美非吾土。"

锋出（1次）

百方之事，万变锋出。（《说苑·谈丛》）

按：纷纷出现。其他义项不属于新词新义。另一义项为锋发。金刘祁《归潜志》卷十："屏山以为李有钩钜，刘谈论锋出，皆惮之。"

荐进（1次）

圣人之于天下也，譬犹一堂之上也，有一人不得其所者，则孝子不敢以其物荐进。（《说苑·贵德》）

按：进献。其他义项不属于新词新义。另一义项为推荐引进。汉刘向《列女传·贤明传》："樊姬谦让，靡有嫉妒，荐进美人，与己同处。"

偏驳（1次）

所以自奉者，殚天下，竭民力。偏驳自私，不能以及人。（《说苑·至公》）

按：不周遍。其他义项不属于新词新义。另一义项为不纯正。南朝梁刘勰《文心雕龙·史传》："袁张所制，偏驳不伦。"

穷追（1次）

穷追本末，究事之情。（《说苑·建本》）

按：彻底追究。其他义项不属于新词新义。另一义项为连续追击。《汉书·匈奴传上》："前此者，汉兵深入穷追二十余年。"

阴害（1次）

后宫不荒，女谒不听，上无淫慝，下不阴害。（《说苑·政理》）

按：隐患。其他义项不属于新词新义。另一个义项为暗中陷害。《后汉书·皇甫规传》："今臣还督本土，纠举诸郡，绝交离亲，戮辱旧故，众谤阴害，固其宜也。"

申饬（1次）

修德束躬，以自申饬，所以检其邪心，守其正意也。（《说苑·修文》）

按：整饬、整顿。此记为义项①。其他义项不属于新词新义。义项②为告诫，《宋史·田锡传》："伏愿申饬将帅，慎固封守，勿尚小功。"义项③为饬令、指示，《续资治通鉴·宋理宗绍定二年》："请申饬监司、郡守，自今所属阙官，以次摄事，毋得差非见任官。"义项④为斥责，《初刻拍案惊奇》卷二十："（元普）遂将众管事人一一申饬，并妻侄王文用也受了一番呵叱。"

孕重（2次）

春蒐者不杀小麛及孕重者。（《说苑·修文》）

按：怀胎，多指兽类。其他义项不属于新词新义。另一个义项指怀胎者。《汉书·匈奴传上》："汉兵深入穷追二十余年，匈奴孕重惰殰，罢极苦之。"颜师古注："孕重，怀任者也。"

开路（1次）

郭隗曰："王诚欲兴道，隗请为天下之士开路。"（《说苑·君道》）

按：引路，带领别人前进。其他义项不属于新词新义。另一义项引申为开辟门路、途径。唐代王贞白《唐摭言·好放孤寒》："昭宗皇帝颇为寒畯开路。"

豫定（1次）

兵不豫定，无以待敌；计不先虑，无以应卒。（《说苑·谈丛》）

按：事先决定。其他义项不属于新词新义。另一个义项为预先订购。鲁迅《集外集拾遗·〈奔流〉凡例五则》："在十一月以前豫定者，半卷五本一元二角半，一卷十本二元四角，增刊不加价，邮费在内。"

对门（1次）

敏其行，修其礼，千里之外，亲如兄弟；若行不敏，礼不合，对门不通矣。（《说苑·杂言》）

按：门户相对，对面。其他义项不属于新词新义。另一个义项为匹配、门当户对。元关汉卿《调风月》第一折："怕不依随，蒙君一夜恩。争奈忒达地，忒知根；兼上亲上成亲好对门。"

晚世（2次）

然晚世之人，莫能闲居静思，鼓琴读书，追观上古，友贤大夫。（《说苑·建本》）

按：近世。其他义项不属于新词新义。另一个义项为末世。《淮南子·本经训》："晚世之时，帝有桀、纣。"

自流（1次）

保申趋出，欲自流，乃请罪于王。（《说苑·正谏》）

按：自求流放。此记为义项①。其他义项不属于新词新义。义项②为自然地流动。唐王勃《滕王阁序》："阁中帝子今何在，槛外长江空自流。"义项③为比喻自行发展。《淮南子·修务训》："夫地势水东流，人必事焉，然后水潦得谷行；禾稼春生，人必加功焉，故五谷得遂长：听其自流，得其自生，则鲧、禹之功不立，而后稷之智不用。"

贞节（1次）

昔者东夷慕诸夏之义，有女，其夫死，为之内私婿，终身不嫁。不嫁则不嫁矣，然非贞节之义也。（《说苑·建本》）

按：封建礼教指女子不失身、不改嫁的道德行为。其他义项不属于新词新义。另一个义项为忠贞不贰的节操。张衡

《东京赋》:"执谊顾主,夫怀贞节。"薛综注:"夫,犹人人也。言执礼义之心,顾思汉德,人怀贞正之志分也。"

骨立(1次)

(子路)遂自悔,不食七日而骨立焉。(《说苑·修文》)

按:形容人消瘦到极点。此记为义项①。其他义项不属于新词新义。义项②为比喻山石嶙峋。明顾璘《石公山》诗:"骨立风云外,孤撑涛浪中。"义项③为比喻字体的笔姿瘦硬挺拔。杜甫《李潮八分小篆歌》:"苦县、光和尚骨立,书贵瘦硬方通神。"

哽噎(1次)

一食之上,岂不美哉,尚有哽噎。(《说苑·敬慎》)

按:食物梗塞,难下咽。其他义项不属于新词新义。另一个义项为悲痛气塞,泣不成声。汉王逸《九思·遭厄》:"思哽噎兮诘诎,涕流澜兮如雨。"

老公(1次)

齐桓公出猎,逐鹿而走入山谷之中,见一老公而问之曰:"是为何谷?"(《说苑·政理》)

按:老年人的通称。该词条在《汉语大词典》中共有5个义项,作为出现最早的义项①"老年人的通称",《汉语大词典》首引《三国志·魏志·邓艾传》:"七十老公,反欲何求!"此义项首例时间晚于《说苑》,所以该词应视为《说苑》中的新词。其他义项不属于新词新义。义项②是对老年人的蔑称。《南史侯景传》:"请兵三万,横行天下;要须济江缚取萧衍老公,以作太平寺主。"义项③是对父亲的别称。宋范成大《读唐太宗纪》诗:"嫡长承祧有大伦,老公爱子本平均。"义项④是丈夫的俗称。元杨显之《酷寒亭》第三折:"我老公不在家,我和你永远做夫妻,可不受用。"义项⑤是宦官的俗称。《红楼梦》第八十三回:"门上的人进来回说:'有两个内相在外,要见二位老爷。'贾赦道:'请进来。'门上的人领了老公进来。"

一奇(1次)

夫卫国虽贫,岂无文履一奇,以易十稷之绣哉?(《说苑·反质》)

按:一件稀罕之物、一桩异事。其他义项不属于新词新义。另一个义项为一个奇计。《汉书·扬雄传下》:"今子幸得遭明盛之世,处不讳之朝,曾不能画一奇出一策。"

灯烛(1次)

日暮,酒酣,灯烛灭,乃有人引美人之衣者,美人援绝其冠缨。(《说苑·复恩》)

按:用油脂作燃料的照明物。《汉语大词典》中该词首例为《汉书·刘向传》:"秦始皇帝葬于骊山之阿……石椁为游馆,人膏为灯烛。"此例出现时间晚于《说苑》,所以"灯烛"一词应视为《说苑》中的新词。其他义项不属于新词新义。另一个义项为灯火、灯光。首例为宋周密《武林旧事·元夕》："花边水际，灯烛灿然。"

卓然（1次）

尘埃之外，卓然独立，超然绝世，此上圣之所以游神也。（《说苑·建本》）

按：卓越的样子。其他义项不属于新词新义。另一个义项为突然。汉王充《论衡·命禄篇》："逢时遇会，卓然卒至。"

同会（1次）

诸侯五月而葬，同会毕至。（《说苑·修文》）

按：指与会结盟之诸侯。其他义项不属于新词新义。另一个义项为会合。《南齐书·柳世隆传》："太祖之谋渡广陵也，令世祖率众下，同会京邑。"

第二节　《说苑》中的新义

《说苑》中复音词的新义，指的是该复音词有几个义项，其中至少有一个义项是出现在早于《说苑》的文献中的，但这个先出现的义项与《说苑》中出现的新义项在语义上有关联。换句话说，一个复音词的几个义项，其中一个并非最早的义项出自《说苑》，此义项与最早出现的义项有关联。按照这个原则，在整理《说苑》以及《说苑》之前文献的基础上，得出82个有新义的复音词。举例如下：

常经（1次）

不得擅生事者，谓平生常经也。（《说苑·奉使》）

按：通常的行事方式，常规。该词共有5个义项，其中有一个义项出现时间较早，为固定不变的法令规章。《战国策·赵策二》："国有固籍，兵有常经。变籍则乱，失经则弱。"《管子·问》："国有常经，人知终始，此霸王之术也。"

负绳（2次）

土负水者平，木负绳者正，君受谏者圣。（《说苑·正谏》）

按：指用墨绳打直线于木。该词共有2个义项，另一个义项为衣裳的背缝上下相当。《礼记·深衣》："负绳及踝以应直。"郑玄注："绳，谓裻与后幅相当之缝也。"孔颖达疏："衣之背缝及裳之背缝，上下相当，如绳之正，故云'负绳'，非谓实负绳也。"《说苑·修文》中也有此义项的用例："衣必荷规而承矩，负绳而准下。故君子衣服中而容貌得。"

隐士（1次）

咎犯对曰："臣不能为乐，臣善隐。"平公召隐士十二人。（《说苑·正谏》）

按：善说隐语的人，俳优之属。该词条共2个义项，另

127

一个出现较早的义项为隐居不仕的人。《庄子·缮性》："隐，故不自隐。古之所谓隐士者，非伏其身而弗见也。"

沟壑（5次）

伋闻之，妄与不如弃物于沟壑，伋虽贫也，不忍以身为沟壑，是以不敢当也。（《说苑·立节》）

按：比喻贪图别人丢掉的东西的人。该词条共有5个义项，出现较早的义项有3个。义项①为山沟。《左传·昭公十三年》："小人老而无子，知挤于沟壑矣。"义项②借指野死之处或困厄之境。《孟子·滕文公下》："志士不忘在沟壑，勇士不忘丧其元。"赵岐注："君子固穷，故常念死无棺椁没沟壑而不恨也。"义项③指护城河。《管子·问》："若夫城郭之厚薄，沟壑之浅深，门闾之尊卑，宜修而不修者，上必几之。"

合符（2次）

陛下初即至尊，与天合符。（《说苑·贵德》）

国家之任贤而吉，任不肖而凶，案往世而视已事，其必然也，如合符，此为人君者，不可以不慎也。（《说苑·尊贤》）

按：相符合。该词条共有3个义项，其中有一个义项出现较早，为符信相合、合验符信。《管子·宙合》："时德之遇，事之会也，若合符然。"

遗教（1次）

常摐有疾，老子往问焉，曰："先生疾甚矣，无遗教可以语

128

诸弟子者乎?"(《说苑·敬慎》)

按:临终的教诲、遗命。该词条共有3个义项,其中一个义项出现较早,为前人遗留下来的教训、学说、主张、著作等。《楚辞·九辩》:"独耿介而不随兮,愿慕先圣之遗教。"

大术(1次)

田子颜自大术至乎平陵城下,见人子问其父,见人父问其子。(《说苑·权谋》)

按:城中的大路。该词条有2个义项,另一个较早出现的义项为治国之术。《吕氏春秋·不屈》:"当惠王之时,五十战而二十败,所杀者不可胜数,大将、爱子有禽者也。大术之愚,为天下笑。"陈奇猷校释:"术即法术,盖指为治之道。"

法程(1次)

子文之族,犯国法程。廷理释之,子文不听。恤顾怨萌,方正公平。(《说苑·至公》)

按:法规。该词条共有3个义项,其中一个出现较早的义项为法则、程式。《吕氏春秋·慎行》:"为义者则不然,始而相与,久而相信,卒而相亲,后世以为法程。"

委身(1次)

今子委身以待暴怒,立体而不去,杀身以陷父不义,不孝孰是大乎?(《说苑·建本》)

按：弃身。该词条共有2个义项，另一个略早的义项为托身，以身事人。《淮南子·兵略训》："背社稷之守，而委身强秦。"

辟就（1次）

予一人兼有天下，辟就百姓，敢无中土乎？（《说苑·至公》）

按：接近，靠拢。该词条共有3个义项，有2个义项出现较早。其中一个义项为亲贵者犯法，徇私枉法；疏贱者无罪，反而使就刑诛。《管子·权修》："刑罚不审，则有辟就；有辟就，则杀不辜而赦有罪。"另一个义项为取舍。《淮南子·修务训》："（神农）尝百草之滋味，水泉之甘苦，令民知所辟就。"

雕画（1次）

妻子者，以其知营利，以妇人之恩抚之，饰其内情，雕画其伪，孰知其非真。虽当时蒙荣，然士君子以为大辱。（《说苑·贵德》）

按：文饰。该词条共有2个义项，另一个出现略早的义项为刻镂绘画。汉贾谊《新书·匈奴》："将为银车五乘，大雕画之。"

无复（7次）

仲尼曰："不强不远，不劳无功，不忠无亲，不信无复，不恭无礼，慎此五者，可以长久矣。"（《说苑·杂言》）

按：没有履行。该词共有4个义项，出现较早的义项为不再,不会再次。《吕氏春秋·义赏》:"诈伪之道,虽今偷可,后将无复。"还有一个义项为不能恢复,出现在与《说苑》同时代的《春秋繁露·必仁且知》中:"其规非者,其所为不得其事,其事不当,其行不遂,其名辱,害及其身,绝世无复,残类灭宗亡国是也。"

障防(1次)

泉源溃溃,不释昼夜,其似力者;循理而行,不遗小间,其似持平者;动而下之,其似有礼者;赴千仞之壑而不疑,其似勇者;障防而清,其似知命者。(《说苑·杂言》)

按:为堤防所阻挡。该词条共有3个义项,有一个义项出现较早,为堤防、堤坝。《管子·立政》:"决水潦,通沟渎,修障防,安水藏。"

板筑(2次)

毋淫宫室,以妨人宅,板筑以时,无夺农功。(《说苑·建本》)

按:泛指土木建筑。该词条共有5个义项,其中出现较早的义项为筑墙用具。板,夹板;筑,杵。筑墙时,以两板相夹,填土于其中,用杵捣实。《管子·度地》:"以冬无事之时,笼、臿、板筑各什六。"尹知章注:"谓什人共贮六具。"

易野(4次)

文质修者谓之君子,有质而无文谓之易野。(《说苑·修

131

文》）

按：朴直。该词条共有2个义项，另一个出现较早的义项为平坦的原野。《周礼·夏官·司马》："险野人为主，易野车为主。"

冒乱（1次）

分为五选，异其旗章，勿使冒乱。（《说苑·指武》）

按：混杂，混乱。该词条共有2个义项，另一个出现较早的义项为贪恋淫乱。《尚书·泰誓上》："沉湎冒色。"孔安国传："沉湎嗜酒，冒乱女色。"

侧席（1次）

楚有子玉、得臣，文公为之侧席而坐。（《说苑·尊贤》）

按：不正坐。该词条共有4个义项，其中出现较早的一个义项为单独一席。《国语·吴语》："去笄，侧席而坐，不扫。"

趣走（1次）

发言陈辞，应对不悖乎耳；趣走进退，容貌不悖乎目。（《说苑·建本》）

按：小步急行，以示礼敬。该词条共2个义项，另一个出现较早的义项为奔走、行走。《列子·汤问》："趣走往还，无跌失也。"《韩非子·扬权》："腓大于股，难以趣走。"

适欲（1次）

执事适欲，擅国权命，五阻也。（《说苑·君道》）

按：顺遂其欲望。该词条共2个义项，出现较早的另一个义项为节制欲望。《吕氏春秋·重己》："凡生之长也，顺之也；使生不顺者，欲也。故圣人必先适欲。"高诱注："适犹节也。"

三失（4次）

吾少好学问，周遍天下，还后，吾亲亡，一失也。事君奢骄，谏不遂，是二失也。厚交友而后绝，是三失也。（《说苑·敬慎》）

按：古以远游丧亲、臣节不遂、厚交离绝为三失。该词条共有2个义项，另一个出现较早的义项为过失多。《尚书·五子之歌》："一人三失，怨岂在明，不见是图。"孔安国传："三失，过辈一也。"

一区（1次）

卫有五丈夫，俱负缶而入井，灌韭，终日一区。（《说苑·反质》）

按：表数量，指一块田地。该词条共有4个义项，其中出现略早的一个义项为一个区域。《史记·孟子荀卿列传》："中国外如赤县神州者九，乃所谓九州也。于是有裨海环之，人民禽兽莫能相通者，如一区中者乃为一州。"

蒙蒙（2次）

子居艘楫之间，则吾不如子；至于安国家，全社稷，子之比我，蒙蒙如未视之狗耳。（《说苑·杂言》）

133

按：蒙昧的样子。此词条共有5个义项，出现较早的一个义项为模糊不清貌。《楚辞·九辩》："愿皓日之显行兮，云蒙蒙而蔽之。"

鹰鹯（1次）

臣闻之，行者比于鸟，上畏鹰鹯，下畏网罗。（《说苑·敬慎》）

按：比喻凶残的人。此词条共有2个义项，出现较早的另一个义项为鹰与鹯，比喻忠勇的人。《左传·文公十八年》："见无礼于其君者，诛之，如鹰鹯之逐鸟雀也。"

出质（5次）

晏子没十有七年，景公饮诸大夫酒，公射出质，堂上唱善，若出一口。公作色太息，播弓矢。（《说苑·君道》）

按：射出的箭未中箭靶。该词共有3个义项，出现较早的一个义项为出为人质。《左传·宣公十二年》："楚子退师。郑人修城。进复围之，三月，克之……潘尪入盟，子良出质。"

拘系（1次）

广开耳目，以察万方。不固溺于流俗，不拘系于左右。（《说苑·君道》）

按：拘束，管束。该词条另一个出现较早的义项为拘禁。《周易·随》："拘系之，乃从维之。"《汉书·成帝纪》："一人有辜，举宗拘系。"

侈国（1次）

尧释天下，舜受之，作为食器，斩木而裁之，销铜铁，修其刃，犹漆黑之以为器。诸侯侈，国之不服者十有三。（《说苑·反质》）

按：大国。另一个出现较早的义项为奢侈之国。《管子·八观》："主上无积而宫室美，氓家无积而衣服修，乘车者饰观望，步行者杂文采，本资少而末用多者，侈国之俗也。"

华叶（1次）

自今以来，无以美妾疑妻，无以声乐妨政，无以奸情害公，无以货利示下。其有之者，是谓伐其根素，流于华叶。（《说苑·反质》）

按：比喻表面华美的东西。另一个出现较早的义项为其本义花与叶。战国宋玉《风赋》："乘凌高城，入于深宫，邸华叶而振气。"

饰貌（1次）

仪状齐等，而饰貌者好。（《说苑·建本》）

按：修饰容貌。该词共有3个义项，出现略早的义项为装饰表面。《史记·礼书》："孝文即位，有司议欲定仪礼，孝文好道家之学，以为繁礼饰貌，无益于治，躬化谓何耳，故罢去之。"另一义项为显示于仪表，出现在与《说苑》同时代的《礼记·乐记》："合情饰貌者，礼乐之事也。"孔颖达疏:"礼以检迹于外,是饰貌也。"陈澔说:"饰貌者,礼之检于外。"

无根(2次)

君子不可以不学,见人不可以不饰,不饰则无根,无根则失理。(《说苑·建本》)

按:没有根基,没有依据。该词出现较早的一个义项为没有根部。《管子·内业》:"凡道无根无茎,无叶无荣。"尹知章注:"道非如卉木,而有根茎花叶也。"

弃民(1次)

今夫晚世之恶人……骨肉不亲也,秀士不友也,此三代之弃民也,人君之所不赦也。(《说苑·建本》)

按:被社会摒弃之人。另一个出现较早的义项为抛弃民众。《国语·晋语一》:"吾闻事君者从其义,不阿其惑也;惑则误民,民误失德,是弃民也。"韦昭注:"言民失德,陷于刑辟,是弃之也。"

涓涓(1次)

涓涓不壅,将成江河。(《说苑·敬慎》)

按:细水。该词共有5个义项,出现较早的义项为细水缓流貌。《荀子·法行》:"《诗》曰:'涓涓源水,不雝不塞。'"

无辱(1次)

谚曰:"诚无诟,思无辱。"(《说苑·敬慎》)

按：不受侮辱。另一个出现较早的义项为不劳枉驾，是谦词。《左传·昭公二年》："非伉俪也，请君无辱。"《仪礼·士昏礼》："凡行事必用昏昕，受诸祢庙。辞无不腆、无辱。"贾公彦疏："主人不谢来辱者，此亦是不为谦虚，教女正直之义也。"

重死（2次）

文侯曰："会，夫为人臣而忍其君者，其罪奚如？"对曰："其罪重死。"文侯曰："何谓重死？"对曰："身死，妻子为戮焉。"（《说苑·尊贤》）

按：犯罪者及其妻、子皆处死刑。另一个出现较早的义项为恶人身死而名裂，较常人多一死。《吕氏春秋·慎行》："黄帝之贵而死，尧舜之贤而死，孟贲之勇而死，人固皆死，若庆封者，可谓重死矣。"

清微（1次）

昔者尧、舜清微其身，以听观天下，务来贤人。（《说苑·政理》）

按：虚己谦下。另一个出现较早的义项为清和。《诗·大雅·烝民》："穆如清风。"毛亨传："清微之风，化养万物者也。"汉董仲舒《春秋繁露·天容》："圣人视天而行……其告之以政令而化风之清微也，欲合诸天之颠倒其一而以成岁也。"

三品（1次）

政有三品：王者之政化之，霸者之政威之，强国之政胁之。（《说苑·政理》）

按：三等，即上、中、下三等。另一个较早出现的义项为三种、三类。《周易·巽》："六四：悔亡，田获三品。"高亨注："田，猎也。品，种也。筮遇此爻，其悔将亡，行猎将得三种猎物。"《尚书·禹贡》："厥贡惟金三品。"孔安国传：三品，"金、银、铜也"。

绝食（1次）

杨因见赵简主，曰："臣居乡三逐，事君五去，闻君好士，故走来见。"简主闻之，绝食而叹，跽而行。（《说苑·尊贤》）

按：暂停进食。出现稍早的义项为粮食断绝。《史记·高祖本纪》："汉军绝食，乃夜出女子东门二千余人，被甲，楚因四面击之。"

无归（2次）

景公睹婴儿有乞于途者，公曰："是无归夫。"晏子对曰："君存，何为无归！"（《说苑·贵德》）

按：无所归宿。另一个出现较早的义项为不回去，不回归。《诗经·小雅·湛露》："厌厌夜饮，不醉无归。"

淫昏（1次）

男女切踦，固无休息。淫昏康乐，歌讴好悲。（《说苑·权谋》）

按：沉迷。另一个出现较早的义项为极度昏庸，淫乱昏愦。《尚书·多方》："有夏诞厥逸，不肯戚言于民，乃大淫昏，不克终日劝于帝之迪。"孔安国传："言桀乃大为过昏之行，不能终日劝于天之道。"

审察（1次）

君耳目聪明，思虑审察，君其得圣人乎？（《说苑·臣术》）

按：明晰。另一个出现较早的义项为明察，仔细考察。《管子·版法解》："故能审察，则无遗善，无隐奸。"

精明（1次）

镜以精明，美恶自服；衡平无私，轻重自得。（《说苑·谈丛》）

按：光亮。该词出现较早的义项为纯洁聪明，精细明察。《国语·楚语》："夫神以精明临民者也，故求备物，不求丰大。"与《说苑》年代相近的文献中出现的义项为明洁至诚。《礼记·祭统》："是故君子之齐也，专致其精明之德也……齐者，精明之至也，然后可以交于神明也。"

第三节 新词新义产生的动因和途径

一、新词新义产生的动因

（一）语言内部原因

葛本仪在《汉语词汇学》中提到词汇变化的因素时说，一是语言内部的客观需要，二是语言内部的自我调整……当社会的发展对语言的交际能力提出更高的要求，而语言的交际能力又不能满足这种需求时，就阻碍了交际的顺利进行。归根结底，还是语言内部的客观需要决定了语言的运动。

张联荣认为："社会在不断进步，对语言提出的要求也就越来越高，推动它不断发展。就词来说，它是一种音义结合体，人类的交际要求以有限的语音构成表达愈来愈丰富的内容……新的词和新的义又在不断增加，其结果必然是每个音节的负担越来越重，一方面同音词越来越多，另一方面，同一个词所承担的意义越来越多。"[①]

上古汉语以单音节词为主，随着语言的发展，为改变单音节词的同音现象，复音词逐渐产生并不断增多。新的复音词的产生可以减少同音歧义，使词语的含义精简，便于记忆，也能更加准确细致地表达感情，描摹事物。例如在新词

[①] 张联荣.汉语词汇的流变[M].郑州：大象出版社1997：165-166.

中表示鸟的词有4个，它们的意义各有侧重，黄口（指的是雏鸟的嘴，借指雏鸟）、大爵（大雀）、鸟鷇（雏鸟）、科雉（刚出窠之雉，幼雉），也体现了人们对鸟的认知的细化。

（二）社会外部原因

新词语的产生跟社会的发展有关，社会的发展会带动语言的发展变化，尤其是词汇上的变化。经济的发展、文化的交流、科技的创新等等这些外部原因都会催生新现象和新事物，这样就使大量的新词进入人们的日常语言，从而推动语言的发展。因此一定时期的词汇也能反映出该时期的社会经济和义化生活。

社会稳定、生活水平提高之后，艺术就会得到发展，体现在词汇中就出现了这样的一批新词，例如珠珥（缀珠的耳饰）、饬舆（有装饰的车）、青翰舟（舟名，刻饰鸟形，涂以青色）、文画（雕饰彩画）、文履（饰以文彩的鞋子）。

出现了能够反映国家经济生活状况的新词，如佣肆（出卖劳力的市场）、市次（管理市场的官舍）、市征（市场税收）、囷府（国家库藏钱粮物资的处所）、车库（停放车辆的库房）等。

出现了反映饮酒文化的词语，如大白（大酒杯）、举白（罚酒）、浮白（罚饮一满杯酒）、觞政（酒令）、罇俎（盛酒食的器皿）、酒入舌出（酒后话多）等。

再现了跟战争军事有关的新词，如萧斧（斧钺）、洒兵

（洗涤兵器以备征战）、砥兵（磨砺兵器）、毂兵、旋回、黜兵等。

出现了体现当时文化的新词，如缺隅、缺裾、罚神、祠田、苗父等等。

综上所述，在语言的内部原因和社会的外部原因共同作用下，《说苑》所处时代的语言环境中产生了大量的新词，这些新词不但在同时代的文献中频繁使用，而且其中一些至今仍在广泛使用，如开路、文化、询问、吊唁、贞节、荫蔽、博采、草药、渔夫、姣好、哽噎、穷追、野外、蒙羞、生存等等。也有一些词虽然还活跃在现代汉语中，但是词义已经发生了变化，如求购（悬赏缉捕）、身材（才能）、感激（感奋激发）、气氛（显示吉凶的云气）、老公（老年人）、刚强（僵硬）等。

二、新词新义的产生

（一）新词产生的途径

新词产生的途径，指的是它们是如何被创制出来的，也就是造词的方法。目前汉语造词法的研究成果更多地集中于对现代汉语造词法的研究，对古代某一时期汉语造词法的研究成果还相对比较少。最早建构汉语造词法体系的孙常叙在《汉语词汇》中将汉语造词法分为语音造词法、语义造词法、结构造词法三大类。任学良在《汉语造词法》中把汉语造词法分为词法学造词、句法学造词、修辞学造词、语音学造词、综合式造词五种。葛本仪在《汉语词汇研究》中将汉语造词法分为八种,分别是音义任意结合法、摹声法、音变法、说明法、比拟法、引申法、双音法、减缩法。蒋绍愚在《汉语历史词汇学概要》中,从历史语词汇学的角度将汉语造词法分为旧词演变为新词、词加词凝固为复合词、词加词缀生成派生词、译音词、来源不明词五大类。

这些学者对造词法的研究主要是针对所有词语创制的。葛本仪提到:"语言中最早产生的一些词,往往就是用音义任意结合法创制出来的。随着社会和语言本身的发展,语言要素的不断丰富,为造词提供了大量的原料,因此,人们运用音义任意结合法造词的情况越来越少了。"[①]

王希杰认为:"在语言产生之初的造词活动中,语音和语义的组合是任意的……语言系统产生之后的造词活动是在已有语言材料的基础上进行的,因此造词活动中语音和语义的结合的任意性就大大地缩小了,语音造词的功能逐渐退化。"[②]

本书在借鉴了前人研究成果的基础上,总结出《说苑》中新词产生的三种主要途径。

第一种是构词成分直接组合固化词为新词,这也是复音

---

① 葛本仪.现代汉语词汇学(第三版)[M].北京:商务印书馆,2014:66-67.
② 王希杰.汉语词汇学[M].北京:商务印书馆,2018:136.

词产生的主要途径，如波流、揣微、绵弱、寡为、逆谏、服善、增累、调下、忽忽、清洁等等。《说苑》中这些新的复音词内部存在着明显的语法关系，其中联合式、偏正式占多数。《说苑》中的新词共521个，其中联合式213个，占41%；偏正式177个，占34%；另外数量比较可观的还有动宾式73个，占14%；除此之外，主谓式、动补式、重叠式、附加式数量都较少，一共58个，约占11%。联合式与偏正式新复音词占到新词总量的75%，这与《说苑》复音词中联合式、偏正式占大多数的情况是相一致的，与联合式、偏正式的能产性密不可分。新词中联合式复音词的数量多于偏正式，反映了在这一时期，联合式仍是最重要的复音词构词方式。但偏正式复音词的数量也不容小觑，偏正式的复音新词已经占到了新词总量的三分之一，与联合式复音词的差距不是很大。

第二种是在原有词的基础上通过类推构成新词。类推，指的是"按照原先的词语，改变一个词素仿造新词"[①]，这是词语创造的重要方式之一。

"布衣"一词本义为布制的衣服，如《大戴礼记》："布衣不完，蔬食不饱，蓬户穴牖，日孜孜上仁。"另一个义项则借指平民，因为古代平民不能衣锦绣，故称。《荀子·大略》："古之贤人，贱为布衣，贫为匹夫。"汉桓宽《盐铁论·散不足》："古者庶人耋老而后衣丝，其余则麻

---

① 任学良.汉语造词法[M].北京：中国社会科学出版社，1981：234.

枲而已，故命曰布衣。""白衣"一词本义为白色的衣服。《吕氏春秋·孟秋》："天子居总章左个，乘戎路，驾白骆，载白旗，衣白衣，服白玉。" 另一义项指古代平民服，也指无功名或无官职的士人。《史记·儒林列传序》："及窦太后崩，武安侯田蚡为丞相，绌黄、老、刑名百家之言，延文学儒者数百人，而公孙弘以《春秋》白衣为天子三公，封以平津侯。"

"布衣"是从材质方面来限定衣，"白衣"是从颜色方面来限定衣。通过同样的方式类推，《说苑》中出现了表示衣服材质的韦衣、麤衣以及表示衣服颜色的翠衣。

第三种是通过改造原有词形式的方式构成新词，如倒序、缩略等。

以倒序方式产生的新词，指的是与原有词语的语素相同而顺序相反的词，从语素形成的结构关系来看，颠倒后语素之间的组合关系没有发生变化。通过倒序形式形成的新词主要是双音节，暂时并未发现三音节和四音节的词语。如柱梁、梁柱、思念、念思。

洪堡特（Humboldt）曾指出，在语言运用中，因为实用性占上风，就会把缩写、省略关系词等各种形式的省略强加给语言。法国语言学家马丁内（Martinet）在《语言演变的经济原则》一书中提出了经济原则，并把经济原则看作语言演变的基本规律，也就是说人类语言的运用是趋向于经济和省力的原则的。为了达到语言的最优化配置，就要用最小的语言单位来表达最丰富的信息。利奇从语言使用的角度也对语言的经济原则进行了解释。他认为，经济原则是在所传送的信息内容不受影响的情况下尽量简缩。缩略成为新词产生的重要方式，正是语言的经济原则在背后起作用。这一原则，可以从两千多年前的《说苑》中体现出来。如"玉具剑"一词，指用白玉制剑鼻和剑镡的剑，《史记》和《汉书》均有记载。《史记·田叔列传》："将军取舍人中富给者，令具鞍马绛衣玉具剑，欲入奏之。"《汉书·匈奴传下》："赐以冠带衣裳，黄金玺盭绶，玉具剑。"在《说苑》中，也出现了"玉具剑"一词。《说苑·反质》："经侯往适魏太子，左带羽玉具剑，右带环佩。"同时，还出现了该词的省称"玉具"。《说苑·反质》："于是经侯默然不应，左解玉具，右解环佩，委之坐，愆然而起，默然不谢，趋而出，上车驱去。"还出现了另外一种省略形式"玉剑"。《说苑·善说》："襄成君始封之日，衣翠衣，带玉剑，履缟舄，立于游水之上。"从"玉具剑"出现的两种缩略形式"玉剑""玉具"可以看出，缩略作为新词造词法的一种，在汉代已经出现，但缩略的形式还未固定下来，所以会出现两种形式并存的情形。

（二）新词词义的生成路径与语义透明度

本部分主要从语素义与词义之间的关系出发阐述新词词

义是如何产生的，分析语素义生成词义，并分析这一过程所产生词义的语义透明度。

关于语素义与词义两者的关系，符淮青在《词义和构成词的语素义的关系》一文中把合成词的词义与构成它的语素义的关系概括为五种类型：语素义直接地、完全地表示词义；语素义直接地、部分地表示词义；语素义间接地（如用比喻、借代等方式）表示词义；表词义的语素失落原义；语素义完全不表示词义。

王树斋在《汉语复合词词素义和词义的关系》中将二者关系分为三种：词素义基本上反映词义；词素义表达词义；词素义没有直接表达词义，即不能通过词素义直接推得词义。杨振兰将语素义和词义的关系分为组合关系、综合关系和融合关系。组合关系，指的是从字面上就可以掌握词义，词义是语素义的组合。综合关系，指的是词义可以通过语素义推导出来，而不能由字面意义获得。融合关系，指的是背后有着历史典故的词义，无法从字面获得，也不能从语素义引申推导出来。

王宁在《理论训诂学与汉语双音合成词的构词研究》中揭示了语素义和词义之间的动态关系，并提出三种复合词的意义模式，分别为直接生成式、半直接生成式、非直接生成式。

在讨论词义与语素义的关系之前，需要先确定词义和构词语素的语素义。词的意义虽然是客观存在的，但是对词的释义，不同的人有不同的侧重，这些偏差带有主观性，也会影响对词义和语素义关系的判断。符淮青也曾提到："词的意义由词典中释义的词语说明。"[①]因此，选择权威性的词典对考察词义与语素义是至关重要的。本书主要以《汉语大词典》中对词的释义为依据，考察语素义和词义，以及词义与构词语素的语素义的关系。复合词一般含有两个语素，如果这两个语素的某个义项在《汉语大词典》中与对该词的释义完全一致，就认为词义沿用语素义；如果两个语素的义项在该复合词的词典释义中没有任何体现，就认为该词义没有直接沿用语素义。

本书将沿着王宁、符淮青等学者研究的方向，对《说苑》中词义与语素义之间的关系结合语义透明度来进行探究。在借鉴之前学者研究的基础上，根据语素义与词义的关系，将《说苑》新词词义的生成路径分为直接组合生成、半直接组合生成、间接组合生成三类。

语义透明度，指的是通过词的构成成分推知词义的程度。乌尔曼（Ullmann）最早在《语义学：意义科学导论》中提出了"语义透明的词"和"语义隐晦的词"。后来心理语言学的学者提出了"语义透明度"这一概念。20世纪90年代，语义透明度引入我国，最早主要应用在心理学的研究

---

① 符淮青.词典学词汇学语义学文集[M].北京：商务印书馆，2004：131.

中,后来也逐渐运用到第二语言教学和词汇学研究中。语义透明度就是能够通过词的构成成分和组合关系推导出词的整体意义的程度。能够直接从词的构成成分推知词义的,语义透明度就高,反之,语义透明度就低。语义透明度可以体现出构词语素和词义的相关程度。《说苑》中新词的生成路径不同,语义透明度也有差异。下面分类来说明。

1.直接组合生成

这类词的词义是由构成该词的语素义直接组合生成的,语素义在生成词义的过程中基本没有发生变化。

凶贪

盗跖凶贪,名如日月,与舜禹并传而不息,而君子不贵。(《说苑·谈丛》)

按:"凶"作为单音词表示凶狠、凶恶义,"贪"表示贪婪、求无满足,"凶贪"在《汉语大词典》的释义为"凶暴贪婪",正是"凶"与"贪"两者的直接组合。

寿乐

楚王复问:"君子之富奈何?"对曰:"……亲戚爱之,众人善之,不肖者事之,皆欲其寿乐而不伤于患。"(《说苑·贵德》)

按:"寿"作为单音词表示长寿,活得岁数大;"乐"指快乐、欢乐。"寿乐"在《汉语大词典》中释义为"长寿安乐",是构词成分意义的直接组合。

忠友

国君蔽士,无所取忠臣;大夫蔽游,无所取忠友。(《说苑·复恩》)

按:"忠"表示忠诚,"友"表示彼此交好的人,"忠友"在《汉语大词典中》释义为"忠直之友",即是"忠"与"友"两者词义的直接组合。

智臣

明察幽,见成败,早防而救之,引而复之;塞其间,绝其源,转祸以为福,使君终以无忧,如此者,智臣也。(《说苑·臣术》)

按:"智"表示智慧、聪明义,"臣"指君主制时代的官吏,"智臣"在《汉语大词典》中释义为"智谋之臣",是"智"与"臣"词义的直接组合。

吉卦

孔子卦得贲,喟然仰而叹息,意不平。子张进,举手而问曰:"师闻贲者吉卦,而叹之乎?"(《说苑·反质》)

按:"吉"表示吉利、吉祥,"卦"表示《周易》中一套有象征意义可以判断吉凶的符号,"吉卦"在《汉语大词典》中释义为"吉祥的卦爻",是"吉"与"卦"词义的直接组合。

受恩

夫施德者,贵不德,受恩者,尚必报。(《说苑·复恩》)

按:"受"表示接受,承受,早在《诗经》中就有"罄无不宜,受天百禄"。"恩"表示德泽,恩惠。"受恩"在《汉语大词典》释义为"受到恩惠",是"受"与"恩"词义的直接组合。

饰貌

夫学者,崇名立身之本也,仪状齐等,而饰貌者好,质性同伦,而学问者智。(《说苑·建本》)

按:"饰"表示修饰、装饰义,如《国语·越语》:"越人饰美女八人,纳之太宰嚭。""貌"指面容,容颜,如《左传·哀公二年》:"彼见吾貌,必有惧心。""饰貌"在《汉语大词典》释义为"修饰容貌",是"饰"和"貌"词义的直接组合。

这一类词的词义一般可以从构词语素的字面意义直接获得,词义即为语素意义的相加。词义与构成成分关联程度较高,因此语义透明度较高。从结构上来看,这一部分词主要是联合式、偏正式,其他结构类型相对较少。

2.半直接组合生成

这一类词的词义无法从语素的字面意义直接获得,而需要语素义经过增义或转义才能推导出词义。这一类词可以分为两种,第一种是其中一个语素义未发生变化,另一个语素义经过隐喻、转喻、概括整合等方式生成了新的语素义,两者结合构成词义。如用C表示词义,a表示未发生变化的语素义，b表示变化前的语素义，B表示b变化后的语素义，用公式可以表示为C= a+B。第二种是两个语素组合后通过隐喻、转喻、概括整合等方式生成新的词义。如用C表示词义，a表示变化前的语素义，A表示a变化后的语素义，b表示变化前的语素义，B表示b变化后的语素义，用公式表示为C=A+B。

药言

药食先尝于卑，然后至于贵；药言先献于贵，然后闻于卑。（《说苑·君道》）

按："药"本义是治病用的药物、药材，"言"指话、言语。合成之前"药""言"都是指其本身，在语义上两者无法直接组合，但是"药"的属性特征是用来治病，通过概念隐喻，"药言"可以纠正人们错误或不当行为，就如同"药"的疗效一样。两个语素结合到一起，词义为劝诫的话。

扬刃

干将镆铘，拂钟不铮，扬刃离金斩羽契铁斧，此至利也，然以之补履，曾不如两钱之锥。（《说苑·杂言》）

按："扬"表示举起。《仪礼·大射》："左执弣，右执箫，南扬弓，命去侯。"郑玄注："扬，犹举也。""刃"本义是刀锋，刀口。《尚书·费誓》："砺乃锋刃。"孔安国传："磨砺锋刃。""举起"这一动作的对象不能是刃,但是刃是刀最突出的一部分,通过转喻,构成了词义挥动锋刃,再引申则为挥刀。

分熟

分熟不如分腥,分腥不如分地。(《说苑·政理》)

按:"分"是指分开,划分,分给。"熟",指的是食物通过加热达到可以食用的程度。"分"的对象应该是食物,而"熟"由指食物的可食用程度转喻为食物,因此"分熟"指的是国君对下赏赐熟食。

黄口

孔子见罗者,其所得者,皆黄口也。孔子曰:"黄口尽得,大爵独不得,何也?"罗者对曰:"黄口从大爵者,不得;大爵从黄口者,可得。"《说苑·敬慎》

按:"黄"为五色之一,像金子或成熟的杏子的颜色。如《周易·坤》:"天玄而地黄。""口",指的是人或其他动物发声和饮食的器官。"黄口"的字面意义是黄色的嘴,因为新生雏鸟的嘴是黄色,所以通过"黄口"来转喻雏鸟,借指儿童。

爱口

夫临财忘贫,临生忘死,可以远罪矣。夫君子爱口,孔雀爱羽,虎豹爱爪,此皆所以治身法也。(《说苑·杂言》)

按:"爱"意义为喜爱,"口"即嘴。"爱口"如果按照字面意义理解,为"喜爱嘴",但这样说不通。而某人对某物爱到一定程度时，常有的表现是舍不得用或谨慎小心地使用，所以隐喻为说话慎重。

骨立

子路曰："由之罪也！小人不能，耳陷而入于斯，宜矣，夫子之言也！"遂自悔，不食，七日而骨立焉。（《说苑·修文》）

按："骨"指骨头，《说文·骨部》："骨，肉之核也。""立"即站立，《说文·立部》："立，树也。""骨立"的字面意义为"骨头站立"，隐喻为人消瘦到极点。

3.间接组合生成

这一类词不能直接从语素义推知词义，而是在了解该词背后的文化含义或历史典故之后才能正确理解词义。但语素义与词义之间并非完全没有一点儿联系，只因为中间需要加入诸多注释才能体现出语素义在词义中的一些作用，所以称之为间接组合生成。

三失

吾少好学问，周遍天下，还后，吾亲亡，一失也。事君奢骄，谏不遂，是二失也。厚交友而后绝，是三失也。（《说苑·敬慎》）

按：古以远游丧亲、臣节不遂、厚交离绝为"三失"。

三死

人有三死而非命也者，人自取之。夫寝处不时，饮食不节，佚劳过度者，疾共杀之；居下位而上忤其君，嗜欲无厌，而求不止者，刑共杀之；少以犯众，弱以侮强，忿怒不量力者，兵共杀之。此三者，非命也，人自取之。(《说苑·杂言》)

按：指三种致死的情况。

五本

凡司其身，必慎五本：一曰柔以仁；二曰诚以信；三曰富而贵，毋敢以骄人；四曰恭以敬；五曰宽以静。(《说苑·敬慎》)

按：古人修身处世的五项根本要求。

跪石

宁戚击牛角而商歌，桓公闻而举之；鲍龙跪石而登嵼，孔子为之下车。(《说苑·尊贤》)

按：春秋贤士鲍龙未遇时，跪石而吟。"跪石"指贤士未遇之时。

空木

昔尧之葬者，空木为椟，葛藟为缄。其穿地也，下不乱泉，上不泄臭。(《说苑·反质》)

按：传说尧死后用中空之木作棺，故此后以"空木"作为棺的代称。

舟梁

君为五乘之宾，而舟、梁不与焉，是少吾勇也。(《说苑·立节》)

按：华舟和杞梁的并称，两人皆为春秋时齐国大夫。

楚剑

秦昭王中朝而叹曰:"夫楚剑利,倡优拙。夫剑利则士多慓悍,倡优拙则思虑远也。吾恐楚之谋秦也。"(《说苑·指武》)

按:古代楚国的铁剑,后泛指利剑。

当词义为语素义直接相加时,词义可以从字面意义获得,此时语义透明度最高。当词义无法由语素义推导出来,需要借助历史典故或文化背景知识时,词义是语素义的间接组合,此时的语义透明度最低。而处于这两类中间的,词义非直接组合类,一方面需要借助语素义理解词义,一方面词义又不完全是语素义的相加,语义透明度也是处于中间级。《说苑》的新词中,前两类词有490个,占比94%,数量处于绝对优势,而语义透明度较低的间接组合生成类只有31个,占比6%,数量比较少。

(三)新词义产生的途径

蒋绍愚在谈到词义演变时指出:"确实,引申是词义引申的重要途径……词义的引申和同源词的滋生的心理基础是联想,即通常所说的隐喻和转喻……认知语言学认为,'隐喻'和'转喻'不仅是一种修辞手段,而且是人们认知中非常普遍的心理活动。所以,以'隐喻'和'转喻'为基础的'引申',是词义演变中最常见的一种途径。"[1]董秀芳曾说:"隐喻是基于概念结构的相似性从一个认知领域到另一

---

① 蒋绍愚.汉语历史词汇学概要[M].北京:商务印书馆,2015:177.

个认知领域的投射。"①隐喻基于概念的相似性，是在两种概念之间建立联系，用一种事物和概念来理解另一种事物和概念。转喻则是两个相关事物之间的联系。"转喻从根本上讲是一种参照点现象"，"是在同一理想化的认知模式中，一个概念实体（转喻喻体）为另一个概念实体（目标实体）提供心理通道的认知过程"。②

隐喻和转喻在新义的产生中起着重要的作用，下面就《说苑》中新的词义的产生做具体的说明。

1.隐喻

雕画

妻子者，以其知营利，以妇人之恩抚之，饰其内情，雕画其伪，孰知其非真。虽当时蒙荣，然士君子以为大辱。（《说苑·贵德》）

按："雕画"的较早义项为雕刻绘画。汉贾谊《新书·匈奴》："将为银车五乘，大雕画之。"南朝刘勰《文心雕龙·诠赋》："写物图貌，蔚似雕画。"雕刻绘画是用材料和工具对现实中物品进行装饰，而通过语言对事情进行修饰与其有相似性，通过隐喻机制，词义就由肉眼可见的对物品的雕刻绘画引申为抽象的文饰，由此产生新义文饰。

---

① 董秀芳.词汇化：汉语双音词的衍生和发展[M].北京：商务印书馆，2011：93.

② 谭爱平.认知语言学理论研究[M].成都：西南交通大学出版社，2017：128-129.

鹰鹯

臣闻之，行者比于鸟，上畏鹰鹯，下畏网罗。（《说苑·敬慎》）

按："鹰"和"鹯"都是猛禽，所以"鹰鹯"的本义是指这两种凶猛的鸟。基于相似性，通过隐喻机制，后来词义由凶猛的禽类引申为凶猛残暴的人，由此产生新义凶猛残暴的人。《说苑》中首次这样比喻，后代一直使用，比如唐欧阳詹《怀忠赋》："凤实仁灵之类，岂鹰鹯之同列。"明孙柚《琴心记·金闺荣返》："莫不是遇鹰鹯，祸事从天到。"

易野

简者，易野也。易野者，无礼文也。（《说苑·修文》）

按："易野"较早的义项为平坦的原野。比如《周礼·夏官·司马》："险野人为主，易野车为主。"此义项也一直在沿用，如唐柳宗元《招海贾文》："上党易野恬以舒，蹈蹂厚土坚无虞。"一望到底的平坦原野与没有华丽辞藻的文章具有相似性，通过隐喻机制，词义由平坦的原野引申为表示文章朴实率直，由此产生新义朴直。

无根

君子不可以不学，见人不可以不饰，不饰则无根，无根则失理。（《说苑·建本》）

按："无根"的本义是没有根部。《管子·内业》："凡道无根无茎，无叶无荣。"尹知章注："道非如卉木，而有根茎花叶也。"三国虞翻《与弟书》："芝草无根，醴泉无源。"杜甫《遣兴》诗之二："蓬生非无根，漂荡随高风。"植物没有根部则无法存活与说话做事没有依据则无法让人信服具有相似性，通过隐喻机制，词义由没有根部引申为没有根基、没有依据，由此产生新义没有根基、没有依据。

2.转喻

板筑

毋淫宫室，以妨人宅，板筑以时，无夺农功。（《说苑·建本》）

按："板"指夹板，"筑"即杵，这两者都是筑墙的用具。《管子·度地》："以冬无事之时，笼、臿、板筑各什六。"《史记·黥布列传》："项王伐齐，身负板筑，以为士卒先。"用工具板与筑可以筑墙，因此板筑与建筑有相关性，通过转喻机制，词义就由一般的筑墙用具转指所有的土木建筑，由此产生新义泛指土木建筑。

障防

泉源溃溃，不释昼夜，其似力者；循理而行，不遗小间，其似持平者；动而下之，其似有礼者；赴千仞之壑而不疑，其似勇者；障防而清，其似知命者；不清而入，鲜洁而出，其似善化者。（《说苑·杂言》）

按："障防"较早的义项为堤防、堤坝，是名词性的，比如《管子·立政》:"决水潦,通沟渎,修障防,安水藏。"堤坝的作用是阻挡洪水,所以"障防"与"阻挡"具有相关性,通过转喻机制,词义由表示事物的堤防、堤坝转指表示动作的为堤防所阻挡,由此产生新义为堤防所阻挡。

涓涓

涓涓不壅,将成江河。(《说苑·敬慎》)

按:"涓涓"出现较早的义项为细水缓流的样子。《荀子·法行》:"《诗》曰:'涓涓源水,不雍不塞。'"此义项一直沿用,宋秦观《游汤泉记》:"丘势坡陁,前有小涧,涓涓而流。"明刘基《活水源记》:"有泉焉,其始出罅涓涓然,冬温而夏寒。"叶圣陶《倪焕之》:"现在,小小的一个窟窿凿开了。始而涓涓地,继而滔滔地,不休不息地倾泻着。"缓慢流动的水往往不会是大江大河,而应该是缓缓的细水,所以缓慢流动与细水具有相关性,通过转喻机制,词义就由细水缓流的样子转指具有这种性质的主体,即细水,由此产生新义细水。《后汉书·丁鸿传》:"夫坏崖破岩之水,源自涓涓;干云蔽日之木,起于葱青。"司马光《进五规状》:"燎原之火,生于荧荧;怀山之水,漏于涓涓。"清魏秀仁《花月痕》第四十八回:"涓涓横决,万丈狂澜。"

绝食

杨因见赵简主,曰:"臣居乡三逐,事君五去,闻君好士,故

走来见。"简主闻之，绝食而叹，跽而行。(《说苑·尊贤》)

按："绝食"较早的义项为粮食断绝。《史记·高祖本纪》："汉军绝食，乃夜出女子东门二千余人，被甲，楚因四面击之。"这一义项后代一直沿用，比如清昭梿《啸亭杂录·刘文定》："刘文定公纶，武进人，少时家贫窭，曾至绝食。"鲁迅《坟·灯下漫笔》："可是忽而变了一个穷人，几乎要绝食，很有些恐慌。"在粮食断绝的时候自然只能停止进食，这两者有相关性，所以通过转喻机制，词义由客观上的粮食断绝转指主观上的暂停进食，由此产生新义，即暂停进食。

无归

景公睹婴儿有乞于途者。公曰："是无归夫。"晏子对曰："君存，何为无归！"(《说苑·贵德》)

按："无归"出现较早的义项是不回去、不回归。例如《诗经·小雅·湛露》："厌厌夜饮，不醉无归。"唐李洞《和刘驾博士赠庄严律禅师》："尘劫自营还自坏，禅门无住亦无归。""不回去"是主观上不愿或不想回去，而没有家、没有归宿的人在客观上想回，自然也不能回去，这两种情况具有相关性，通过转喻机制，词义由主观上的不回去、不回归转指因客观条件限制而无所归宿，由此产生新义无所归宿。

第三章 《说苑》复音词中的同素异序词

第一节 古汉语同素异序词研究概况

同素异序是现代词汇学中的一个术语。同素指的是两个词含有相同的语素，异序则是指语素顺序颠倒。所以同素异序词就是指语素相同而排列顺序相反的词。对于这一类词，不同学者赋予它不同的名称，比如同素词、字序对换的双音词、同素逆序词、同素反序词、倒文词、逆序词、同素异序词、颠倒词等。其中同素异序词、同素反序词、同素逆序词这几个称谓出现的频率比较高。刘灏在统计了知网中收录的文献后得出结论：同素异序词的使用频率最高、使用范围最广。因此，本书也采用同素异序词这一名称。

同素异序词，其实早在先秦时期就已出现，《诗经》中"之子于归，宜其室家"和"之子于归，宜其家室"并存，"家室"与"室家"就是一组同素异序词。除此之外，青铜器铭文和先秦诸子文献中也存在一些同素异序词。方一新提到："（东汉）新增加的复音词中，由同义、近义词构成的复音词占了相当大的比重，这部分词在产生之初，往往存在着同素异序的现象。这种情况虽然先秦已经见到，但在汉代尤其是东汉文献中特别常见。"[1]张能甫、伍宗文也都支持这一观点，认为同素异序词是与复音词的形成基本同步的。徐正考也强调"复音词从西周时期已开始形成，以后逐渐增多，构词方式也逐渐丰富。复音词的词序有一个逐渐凝固的过程，在凝固成词的过程中产生了一批同素异序词"[2]。

在传统语文学研究时期，同素异序的现象并没有引起研究者太多的重视，而更多地被视为一种修辞效果。新中国成立后，最早探讨同素异序词的论文可追溯到20世纪50年代岑时甫的《"和缓"呢还是"缓和"？》，随后讨论现代汉语中同素异序词规范问题的论文越来越多。古汉语同素异序词的研究起步稍晚，最早的论文是1964年郑奠发表在《中国语文》上的《古汉语中字序对换的双音词》，之后有曹先擢的《并列式同素异序同义词》（1979）和韩陈其的《〈史记〉中字序对换的双音词》（1983），都是就古汉语中的同素异序词以不同角度进行分析与探讨。进入20世纪90年代后，研究古汉语中的同素异序词的成果逐渐增多，如张德

---

① 方一新.东汉语料与词汇史研究刍议[J].中国语文，1996（2）.

② 徐正考，王冰.《论衡》同素异序同义词并用与演变分析[J].华夏文化论坛，2007（9）.

163

鑫《谈颠倒词》（1995）、洪丽娣的《古代汉语中同素异序词的研究》（1997）、杨奔的《汉语同素反序词源流初探》（1999）、张能甫的《东汉语料及同素异序的时代问题——对〈东汉语料与词汇史研究刍议〉的补说》（2000）、伍宗文的《先秦汉语中字序对换的双音词》（2000）、黄建宁的《〈太平经〉中的同素异序词》（2001）、孙绍红的《关于汉日语词素的位置颠倒》（2002）、马显彬的《古代汉语同素异序词综论》（2003）、姜黎黎的《古代汉语同素异序词研究综述》（2009）等论文，以及张巍的专著《中古汉语同素逆序词演变研究》（2010）、施晓风的博士论文《四部譬喻经中同义并列组合研究》（2018），还有一些相关研究散见于专著或硕士、博士论文的部分章节。上古汉语同素异序词的研究以伍宗文的《先秦汉语中字序对换的双音词》为代表。中古汉语的同素异序词代表性成果为张巍的《中古汉语同素逆序词演变研究》，该书对十几部专书中的异序词进行了穷尽式统计，并对古汉语中的同素异序词的类型、演变、成因、应用价值等进行剖析，还对日语和韩语中的同素异序汉字词进行了多角度多层次的研究与分析，是一部从历时角度探究中古汉语异序词及同素异序词的重要著作。对同素异序词的研究，从研究内容来看，范围越来越广，涉及定义、分类、特征、成因、语义语用等多个方面；从时期上看，自先秦到近代均有涉及。不过综合来看，在对同素异序词的研究中，对现代汉语的同素异序词的研究成果占大部分，有关古代汉语同素异序词的研究还相对薄弱。在现有的古代汉语同素异序词的研究成果中，共时的描写较为普遍，历时的溯源演变研究则相对不足。

在对《说苑》全书进行穷尽性检索后，笔者遴选出AB、BA两序都见于《说苑》一书的同素异序词有31组：兰芝—芝兰、土壤—壤土、灾害—害灾、罗网—网罗、涕泣—泣涕、爵禄—禄爵、倡优—优倡、津梁—梁津、名利—利名、姓名—名姓、贡职—职贡、人民—民人、弟子—子弟、勤劳—劳勤、荡涤—涤荡、靡丽—丽靡、富贵—贵富、长久—久长、威武—武威、豪贤—贤豪、霸王—王霸、饮食—食饮、财货—货财、何如—如何、清洁—洁清、民人—人民、年少—少年、父子—子父、星辰—辰星、治平—平治、平和—和平。只有BA一种形式见于《说苑》的有16组：材木（木材）、和调（调和）、适合（合适）、旋回（回旋）、葬埋（埋葬）、垒壁（壁垒）、行步（步行）、质性（性质）、徙迁（迁徙）、念思（思念）、困穷（穷困）、严威（威严）、安平（平安）、思忧（忧思）、贤圣（圣贤）、污泥（泥污）。

接下来以上述47组94个词为考察对象，同时以《史记》《淮南子》《汉书》《论衡》等典籍中的同素异序词为参照，研究这些同素异序词所呈现的结构、语义等特点，之后通过个案分析探寻这些同素异序词词义的演变轨迹，探索这些词语从汉代发展至今的大致脉络、产生原因和淘汰机制。

第二节 《说苑》同素异序词结构与语义分析

"上古复音词已有多种结构形式，其中以联合式和偏正式为最多，其他形式较少，这与汉语词汇发展的总趋势是一致的。"[①]汉语复音词的结构方式主要有五种，但在作为复音词的同素异序词中，根据笔者收集到的语料，联合式复音词在同素异序词中占绝大多数，其次是偏正式，其他类型数量较少。因为同素异序词主要跟两个语素顺序有关，因此本书主要考察变换语素顺序前后词的结构与语义语用。语素顺序发生变化之后，有的结构变化，有的结构不变，基本意义和用法有的没什么大的改变，而有些则产生了重要变化。按照结构与语义语用的关系，可以将《说苑》中的同素异序词大致分为四类。

一、结构相同，语义语用基本相同

贡职 — 职贡（名词）

"贡职"和"职贡"都是指贡赋、贡品，在结构上都

---

① 向熹.简明汉语史：上[M]. 北京：高等教育出版社，1993：424.

是联合式。在《说苑》中出现的频次，"贡职"高于"职贡"，"贡职"出现3次，"职贡"出现1次。

汤乃谢罪请服，复入贡职。明年，又不供贡职。（《说苑·权谋》）

分同姓以珍玉，展亲也；分别姓以远方职贡，使无忘服也。（《说苑·辨物》）

除此之外，在汉代的其他典籍中，"贡职"的出现频次也高于"职贡"。"职贡"在《史记》中出现7次，在《汉书》中出现7次，如《史记·秦始皇本纪》："今始皇为极庙，四海之内皆献贡职，增牺牲，礼咸备，毋以加。""职贡"在《后汉书》中出现1次，《史记》《汉书》中均无。两词在语义和用法上基本相同，可互换。

壤土 — 土壤（名词）

"壤土"和"土壤"在结构上都是联合式，义项都是泥土、领土、国土。在《说苑》中"壤土"义项为领土，出现3次；"土壤"出现1次，语义为领土、封地。

龙返其渊，安其壤土，四蛇入穴，皆有处所。（《说苑·复恩》）

鹊造宫门曰："吾闻国中卒有壤土之事，得无有急乎？"（《说苑·辨物》）

君子诚能刑于内，则物应于外矣。夫土壤且可为忠，况有食谷之君乎？（《说苑·善说》）

在《淮南子》中"壤土""土壤"各出现2次,意义均为领土。《史记》中,"壤土"出现2次,"土壤"出现1次,均表示国土、领土。可见,在汉代,"壤土"出现频次略高于"土壤",两词语义语用基本相同。

二、结构相同,语义语用略有差别

爵禄 — 禄爵(名词)

这两个词做名词时意思都是官爵和俸禄,"爵禄"是联合式,"禄爵"也是联合式。

"爵禄"在《说苑》中出现4次,"禄爵"出现1次。

赏罚不当,则贤人不劝,奸人不止,奸邪比周,欺上蔽主,以争爵禄,不可不慎也。(《说苑·君道》)

割以分民而益其爵禄,是以上得地而民知富,上失地而民知贫,古之所谓致师而战者,其此之谓也。(《说苑·政理》)

其诸卿贷,其大夫比党以求禄爵,其百官肆断而无告。(《说苑·辨物》)

在《史记》中,"爵禄"出现9次,"禄爵"出现1次。《史记·淮南衡山列传》:"及所置吏,以其郎中春为丞相,聚收汉诸侯人及有罪亡者,匿与居,为治家室,赐其财物爵禄田宅,爵或至关内侯,奉以二千石,所不当得,欲以有为。"《史记·秦本纪》:"事虞君,蹇叔止臣。臣知虞君不用臣,臣诚私利禄爵,且留。"

在《论衡》中"爵禄"出现4次,《后汉书》中"爵禄"出现9次,而"禄爵"在这两书中出现频次为0。由此可见,"爵禄"在汉代出现频次远高于"禄爵"。也因为使用频次高,"爵禄"也就发展出了新的用法,在汉代出现了动词用法,意思为授予爵位、官职和俸禄,例如《淮南子·人间训》:"楚国之俗,功臣二世而爵禄,惟孙叔敖独存。"

"爵禄"和"禄爵"做名词时,语义语用相同,但"爵禄"有动词用法,"禄爵"无动词用法。

靡丽 — 丽靡(形容词)

"靡丽"和"丽靡"在结构上都是联合式,有共同的义项精美、华丽。

纨素绮绣,靡丽堂楯。(《说苑·尊贤》)

所以自奉,丽靡烂漫,不可胜极。黔首匮竭,民力单尽,尚不自知。(《说苑·反质》)

"靡丽"和"丽靡"在《说苑》中各出现1次;《史记》中"靡丽"出现2次,"丽靡"出现4次;《汉书》中"靡丽"出现4次,"丽靡"2次。总的来说,在汉代,两词出现频次相当。

"靡丽"还有姿容艳丽的义项,例如汉班婕妤的《捣素赋》:"盼睐生姿,动容多制,弱态含羞,妖风靡丽。"而"丽靡"无此义项。

贤圣 — 圣贤（名词）

"圣贤"和"贤圣"在结构上都是联合式，都指贤人和圣人，道德才智极高的人。

天地而尚有动蔽，是故贤圣说于世而不得行其道，故灾异并作也。（《说苑·至公》）

舜亦贤圣矣，南面治天下，唯其遇尧也；使舜居桀、纣之世，能自免于刑戮固可也，又何官得治乎？（《说苑·杂言》）

"贤圣"在《说苑》中出现5次，在《淮南子》中出现2次，在《史记》中出现12次，在《汉书》中出现25次；"圣贤"在《说苑》中出现0次，在《淮南子》中出现1次，在《史记》中出现2次，在《汉书》中出现1次，在《论衡》中出现13次。两词在汉代出现频次都较高，在指道德才智极高的人时，两词基本相同。

但是除了名词之外，"贤圣"还有形容词词性，可以用来修饰名词，而"圣贤"无此用法。

贤圣之君皆有益友，无偷乐之臣。（《说苑·正谏》）

由此观之，有贤圣之名者，必遭乱世之患也。（《淮南子·本经训》）

三、结构不同，语义语用基本相同

这种情况在同素异序词中数量较少。例如"泣涕"和"涕泣"，前者是动宾式，后者是主谓式。两词都是哭泣、流泪的意思。

于是孟尝君泫然,泣涕承睫而未殒。(《说苑·善说》)

(豫让)死之日,赵国志士闻之,皆为涕泣。(《史记·刺客列传》)

从频次上看,"泣涕"在《说苑》中出现1次,在《史记》中出现3次,在《汉书》中出现4次,《论衡》4次;"涕泣"在《说苑》中出现1次,在《新序》中出现2次,在《史记》中出现11次,在《汉书》中出现24次,在《论衡》中出现3次。总的来说,虽然两词语义语用基本相同,但"涕泣"出现频次高于"泣涕"。

类似的还有"污泥"和"泥污"。"污泥"是偏正式,"泥污"是主谓式,两词都表示污浊的烂泥、泥土,也比喻污秽、恶劣的环境。

孔子怀天覆之心,挟仁圣之德,悯时俗之污泥,伤纪纲之废坏。(《说苑·至公》)

若伊人者,志陵青云之上,身晦泥污之下,心名且犹不显,况怨累之为哉!(《后汉书·逸民列传》)

"污泥"出现于西汉时期,《说苑》《淮南子》《史记》中均有,"泥污"出现较晚,其出现最早的文献为《后汉书》。在频次上"污泥"也多于"泥污"。

171

四、结构不同，语义语用不同

治平 — 平治

在结构上，"治平"是动补式，"平治"是偏正式。在语义上"平治"主要是治理、整治，例如：

> 人君之欲平治天下而垂荣名者，必尊贤而下士。(《说苑·尊贤》)

> 禹凿龙门，辟伊阙，平治水土，使民得陆处。(《淮南子·人间训》)

"治平"则指政治清明、社会安定。如：

> 德盛则以为备，治平则时气至矣。《说苑·辨物》

"治平"还有治理的政绩之义，如《史记·屈原贾生列传》："孝文皇帝初立，闻河南守吴公治平为天下第一。"

在出现频次上，"治平"在《说苑》中出现1次，在《史记》中出现1次，在《汉书》中出现2次；"平治"在《说苑》中出现2次，在《淮南子》中出现1次，在《列女传》中出现1次。在汉代典籍中两词出现频率相当。

津梁 — 梁津

在结构上，"津梁"是偏正式，"梁津"是联合式。在语义上，"津梁"是名词，指的是桥梁，例如：

> 良吏居之，三月而沟渠修，十月而津梁成。(《说苑·政理》)

"梁津"做动词,指的是为桥以渡,如《楚辞·离骚》:"麾蛟龙使梁津兮,诏西皇使涉予。"做名词指桥梁和渡口,例如:

于是卫君乃修梁津而拟边城。智伯闻卫兵在境上,乃还。(《说苑·权谋》)

在频次上,"津梁"在《说苑》中出现1次,在《史记》中出现1次,在《论衡》中出现1次;"梁津"只在《说苑》中出现1次。两词在汉代出现频次都不高,但"津梁"略高于"梁津"。

总的来说,《说苑》中的同素异序词AB式与BA式之间的关系可以分为以上四大类,其中第三类(结构不同,语义语用基本相同)最少,第二类(结构相同,语义语用略有差别)最多。

第三节　《说苑》同素异序词演变个案研究

1. 饮食—食饮

"饮食"和"食饮"在上古时期就已出现。"饮食"最早见于《周易·序卦》:"需者,饮食之道也。饮食必有讼,故受之以《讼》。""食饮"见于《周礼·天官·膳夫》:"掌王之食饮膳羞,以养王及后、世子。"这两个词都表示吃喝义,在所举两例中,"饮食"和"食饮"同义。

"饮食"和"食饮"两词自先秦到汉代,再到之后中古时期、近古时期都有着共同的义项和用法。共同之处有两点:

一是都表示吃喝义。例如:

饮食

子曰:"禹,吾无间然矣。菲饮食而致孝乎鬼神,恶衣服而致美乎黻冕,卑宫室而尽力乎沟洫。禹,吾无间然矣。"(《论语·泰伯》)

偷儒惮事,无廉耻而嗜乎饮食,则可谓恶少者矣。(《荀子·修身》)

秦王饮食不甘,游观不乐,意专在图赵,使臣斯来言,顺得身见,因急与陛下有计也。(《韩非子·存韩》)

凡治身养性,节寝处,适饮食,和喜怒,便动静。(《淮南子·诠言训》)

吴既赦越,越王勾践反国,乃苦身焦思,置胆于坐,坐卧即仰胆,饮食亦尝胆也。(《史记·越王勾践世家》)

周末崩离,宾射宴飨之则罕复能行,冠婚饮食之法又多迁变。(《晋书·礼下》)

脾土被肝木克制者,必定不思饮食,精神倦怠,四肢酸软。(《红楼梦》第十回)

(聂松岩)言其乡有与狐友者,每宾朋宴集,招之同坐。

饮食笑语，无异于人，惟闻声而不睹其形耳。(《阅微草堂笔记》)

食饮

君实欲天下治而恶其乱，当为食饮不可不节。(《墨子·辞过》)

食饮则重大牢而备珍怪，期臭味，曼而馈，伐皋而食，《雍》而彻乎五祀，执荐者百人侍西房。(《荀子·正论》)

其食饮人，不使也，不役也。(《说苑·贵德》)

定姜既哭而息，见献公之不哀也，不内食饮。(《列女传·母仪传》)

宫室、舆马，衣服、器械，丧际、食饮，声色、玩好，人情之所不能已也，故圣人为之制度以防之。(《法言义疏·先知卷》)

建初二年七月邶上言，天子食饮，必顺于四时五味，而有食举之乐。(《隋书·音乐下》)

闭绝食饮，昼夜使不得眠。(《新唐书·刑法》)

公谓参佐曰："此易事耳，都人率以食饮为先，当治其所先，则所缓者不忧不平也。"(《春渚纪闻·宗咸愍政事》)

夫天下曷尝有不思食饮之人哉！其所以不思食饮者有故矣：病在杂食也。(李贽《答刘方伯书》)

久之疾作，不良食饮。(《清史稿·刘传莹传》)

在表示吃喝义时，"饮食"和"食饮"都可以做动词，

175

后面带宾语,例如:

饮食

昔有飂叔安,有裔子曰董父,实甚好龙,能求其耆欲以饮食之。(《左传·昭公二十九年》)

河东薛存义将行,柳子载肉于俎,崇酒于觞,追而送之江之浒,饮食之。(柳宗元《送薛存义之任序》)

食饮

晔出囚坐庭中,去其桎梏,而饮食之。(郑克《折狱龟鉴·卷六·证慝》)

遂下令:贼所在勿捕,过勿邀击,饥渴则食饮之,降者待以不死。(《明史·马中锡传》)

二是两者都指酒和肴馔,饮品和食品。例如:

饮食

古之民未知为饮食时,素食而分处,故圣人作,诲男耕稼树艺,以为民食。(《墨子·辞过》)

教我无多敛于百姓,以省饮食之养也。(《新序·刺奢》)

田猎不宿,饮食不享,出入不节,夺民农时,及有奸谋,则木不曲直。(《汉书·五行志》)

然能终不以饮食行诛于人,赦而不罪,惠莫大焉。(《论衡·福虚篇》)

婢子百余人,皆绫罗绮褑,以手擎饮食。(《世说新语·汰侈》)

饮食为减少，身体岂宁康。（韩愈《重云一首李观疾赠之》）

况子三年囚，苦雾变饮食。（苏轼《次韵和王巩六首》其一）

王数引万骑帅长及豪俊，赐饮食金帛，得其欢心。（《新唐书·王毛仲传》）

他自从听了那朋友这句话之后，连人家送他的饮食也不敢入口，恐怕人家害他。（《二十年目睹之怪现状》）

御茶膳房掌供饮食。（《清史稿·内务府》）

食饮

洗、盥、执食饮者，勿气。（《礼记·少仪》）

范睢大供具，尽请诸侯使，与坐堂上，食饮甚设。（《史记·范睢蔡泽列传》）

项王见人恭谨，言语呴呴，人疾病，涕泣，分食饮。（《新序·善谋》）

夫人之生也，禀食饮之性，故形上有口齿，形下有孔窍。（《论衡·道虚篇》）

通过分析，把"饮食"的义项归纳为两类：代表吃喝做名词是①，做动词为②；③代表吃喝的对象，即饮品和食品。"食饮"的义项与"饮食"基本相同，既有义项①②也有义项③，但是也有一些不同之处。"食饮"另有举行宴会的义项，用④来表示，例如《管子·君臣下》："是故明君饰食饮吊伤之礼，而物厉之者也。"《后汉书·东夷列传·夫馀》："食饮用俎豆，会同拜爵洗爵，揖让升降。"而"饮食"无举行宴会的义项。通过统计整理，两词出现频次、使用义项等情况见表4-1、表4-2、表4-3。

表4-1 "饮食"出现的书证、频次及使用义项

时代	书证	频次	使用义项
夏商周	《周礼》	8	①③
	《周易》	5	①
春秋战国	《尚书》	1	①
	《论语》	1	①
	《荀子》	6	①③
	《墨子》	14	①②③
	《韩非子》	2	①
	《春秋左传》	4	①②③
汉代	《史记》	31	①②③
	《汉书》	44	①②③
	《大戴礼记》	23	①②③
	《列女传》	2	①③
	《说苑》	6	①②③
	《春秋繁露》	5	①③
	《淮南子》	3	①③
	《新序》	2	①③
	《新书》	1	③
魏晋南北朝	《魏书》	16	①③
	《后汉书》	28	①③
	《三国志》	19	①②③
	《世说新语》	4	①②③
	《宋书》	16	①②③

续表

时代	书证	频次	使用义项
唐五代	《隋书》	16	①③
	《晋书》	19	①③
	《旧唐书》	27	①③
	《贞观政要》	3	①③
	《大唐西域记》	4	①③
宋代	《欧阳修集》	49	①②③
	《新唐书》	28	①②③
	《旧五代史》	6	①③
	《新五代史》	10	①③
	《资治通鉴》	70	①②③
	《艺文类聚》	38	①②③
元明清	《明史》	54	①②③
	《传习录》	1	①
	《金史》	17	①③
	《明夷待访录》	1	③
	《菜根谭》	1	①
	《清史稿》	46	①③
	《古文观止》	6	①③
	《红楼梦》	21	①③

表4-2 "食饮"出现的书证、频次及使用义项

时代	书证	频次	使用义项
夏商周	《周礼》	5	①③
春秋战国	《荀子》	4	①③
	《墨子》	4	①③
	《管子》	1	②
汉代	《史记》	9	①③
	《汉书》	6	①③
	《大戴礼记》	3	①③
	《列女传》	1	③
	《说苑》	1	③
	《盐铁论》	2	③
	《新序》	1	③
	《论衡》	1	①

续表

时代	书证	频次	使用义项
魏晋南北朝	《昭明文选》	5	①③
	《后汉书》	2	①②
	《颜氏家训》	1	③
	《三国志》	1	④
唐五代	《隋书》	1	①
	《晋书》	1	④
	《旧唐书》	1	③
	《梁书》	2	①④
	《北史》	1	③
	《南史》	2	①③
宋代	《欧阳修集》	3	①③
	《新唐书》	9	①③
	《云笈七签》	8	①③
	《乐府诗集》	2	①
	《资治通鉴》	5	①③
	《太平御览》	6	①③④
元明清	《明史》	6	①③
	《文献通考》	8	①③
	《聊斋志异》	6	①③
	《清史稿》	2	①

表4-3 "饮食""食饮"共现的书证、频次对比

时代	书证	频次 饮食	频次 食饮
夏商周	《周礼》	8	5
春秋战国	《墨子》	14	4
	《荀子》	6	4
汉代	《史记》	31	9
	《汉书》	44	6
	《说苑》	6	1
	《大戴礼记》	23	3
	《列女传》	2	1
	《新序》	2	1

续表

时代	书证	频次 饮食	频次 食饮
魏晋南北朝	《后汉书》	28	2
	《三国志》	19	1
唐五代	《隋书》	16	1
	《晋书》	19	1
	《旧唐书》	27	1
宋代	《欧阳修集》	49	3
	《新唐书》	28	9
	《资治通鉴》	70	5
元明清民国	《明史》	54	6
	《清史稿》	46	2
合计		492	65

从表4-1、表4-2可以看出"饮食"和"食饮"的义项中，①（吃喝）和③（吃喝的对象）是使用最多的，"饮食"的用法②（做动词带宾语）使用频次高于"食饮"，"食饮"的用法④（举行宴会）出现的次数较少。从表4-3可以看出在"饮食"和"食饮"共同出现的典籍中"饮食"出现的频次一直明显高于"食饮"，在出现频次上占绝对优势。到了现代汉语中，"饮食"保留下来，有两个义项，分别是吃喝和吃喝的对象，也即在表中出现频次最多的义项①和③，而"食饮"一词已经消失。

2. 灾害—害灾

"灾害"产生较早，最早见于《左传·成公十六年》："是以神降之福，时无灾害，民生敦庞，和同以听，莫不尽

力以从上命,致死以补其阙。"自先秦至明清一直在沿用,例如:

大王若以此不信,则小者以为毁訾诽谤,大者患祸灾害死亡及其身。(《韩非子·难言》)

上帝不蠲,降之以祸罚,灾害并生,用殄厥世。(《孔子家语·执辔》)

世无灾害,虽神无所施其德,上下和辑,虽贤无所立其功。(《淮南子·本经训》)

凡灾异之本,尽生于国家之失。国家之失乃始萌芽,而天出灾害以谴告之。(《春秋繁露·必仁且智》)

酺,周礼族师掌春秋祭酺,为人物灾害之神。(《史记·秦始皇本纪》)

夫民恶之,必朝夕祝之,升闻于皇天,上帝不歆焉。故水旱并兴,灾害生焉。(《大戴礼记·盛德》)

夫阴阳和则谷稼成,不则被灾害。(《论衡·异虚篇》)

不受献,减太官,省徭赋,欲天下务农蚕,素有畜积,以备灾害。(《汉书·景帝纪》)

大夫曰:"共其地,居是世也,非有灾害疾疫,独以贫穷,非惰则奢也。"(《盐铁论·授时》)

呼嗟之声,招致灾害,胡虏凶悍,因衰缘隙。(《后汉书·李陈庞陈桥列传》)

明公高枕论道,爕理阴阳,则天下和平,灾害不作。(《宋

书·刘穆之王弘列传》）

以常理言之，无为多积无用之水，况于今者水涝溢溢，大为灾害。（《晋书·食货》）

汉高祖驱驾英雄，垦除灾害。（《隋书·天文上》）

往者边事繁，秦民被灾害。（梅尧臣《送张推官洞赴晏相公辟》）

由此言之，灾害自为他应，不以改律。（《文献通考·刑考》）

帝曰："灾害事有由来，非尔所致，汝等但当慎其所行。"（《元史·武宗本纪一》）

灾害不生，嘉祥并至。（唐甄《潜书·格君》）

从以上例句可以看出，"灾害"指的是天灾或人祸造成的损害，且一直只有这一个义项。

"害灾"产生稍晚，也是天灾人祸之义，首次出现于汉代，之后出现频次并不多，例如：

天下无害灾，虽有圣人，无所施才。（东方朔《答客难》）

于是时，蝗起京东，转入江淮之间，秋又皆旱，抚独无害灾。（曾巩《思轩诗·序》）

冀祓涤于害灾，俾敷昭于福应。（欧阳修《西太一宫续催生道场密词》）

暴风不兴，疾雨不作，札瘥殄息，靡有害灾。（《明史·柯枝》）

183

表 4-4 "灾害""害灾"共现的书证、频次对比

时代	书证	频次 灾害	频次 害灾
春秋战国	《韩非子》	1	0
	《春秋左传》	1	0
汉代	《史记》	1	1
	《汉书》	19	0
	《大戴礼记》	1	0
	《淮南子》	3	0
	《论衡》	8	0
	《说苑》	3	0
	《盐铁论》	1	0
	《春秋繁露》	5	0
	《答客难》	0	1
魏晋南北朝	《魏书》	1	0
	《后汉书》	16	0
	《昭明文选》	4	0
	《宋书》	3	0
唐五代	《隋书》	3	0
	《晋书》	7	0
	《旧唐书》	5	0
	《梁书》	1	0
	《南史》	2	0
	《贞观政要》	5	0
	《大唐西域记》	1	0
宋代	《欧阳修集》	2	1
	《元丰类稿》	0	1
	《新唐书》	4	0
	《云笈七签》	13	0
	《旧五代史》	2	0
	《资治通鉴》	16	0
	《太平广记》	16	0
	《艺文类聚》	4	0

续表

时代	书证	频次 灾害	频次 害灾
元明清	《明史》	3	1
	《宋史》	13	0
	《文忠集》	0	1
	《金史》	1	0
	《元史》	2	0
	《文献通考》	9	0
	《古文观止》	1	0
	《曾国藩家书》	1	0
	《三侠五义》	2	0
	《西游记》	1	0
	《读史方舆纪要》	1	
合计		182	6

从表4-4可以看出，"害灾"的使用范围和频次远远不及"灾害"。"害灾"在各个时期使用频次都很低，而且它的义项与"灾害"完全重合，因为存在价值不大，所以渐渐消亡，到了现代汉语，就不再使用了，《现代汉语词典（第七版）》（下文简称《现汉》）未收入"害灾"一词。

3. 子弟—弟子

两词均产生较早，最早见于春秋战国时期文献，两者都指子和弟，也就是为人子者和为人弟者。例如：

子曰："弟子入则孝，出则悌。"（《论语·学而》）

民死亡者，非其父兄，即其子弟。（《左传·襄公八年》）

自王以下，各有父兄子弟，以补察其过也。（《国语·周

语上》）

今燕虐其民，王往而征之，民以为将拯己于水火之中也，箪食壶浆，以迎王师。若杀其父兄，系累其子弟，毁其宗庙，迁其重器，如之何其可也？（《孟子·梁惠王下》）

故戴歇议子弟，而三桓攻昭公。（《韩非子·六微》）

释父兄与子弟，非疏之也。（《吕氏春秋·知度》）

在先秦时期，"弟子"还有另一个义项——学生，而"子弟"无此义项。例如：

哀公问曰："弟子孰为好学？"（《论语·雍也》）

郤至，晋卿，犨之弟子温季昭子也。（《国语集解·周语》）

若是，则弟子之惑滋甚。（《孟子·公孙丑上》）

水深而回，树落则粪本，弟子通利则思师。（《荀子·致士》）

弟子曰："先生之巧，至能使木鸢飞。"（《韩非子·外储说左上》）

孔子之弟子从远方来者，孔子荷杖而问之曰："子之公不有恙乎？"（《吕氏春秋·异用》）

到了汉代，除了本义之外，"弟子"与"子弟"开始朝着不同的方向发展，语义上各自都有侧重。

"弟子"表示学生这一义项在汉代得到了加强，例如：

孔子顾子贡曰："弟子记之，夫政之不平而吏苛，乃甚于虎

狼矣。"(《新序·杂事》)

鱄者，献公弟子鲜也。(《列女传·母仪传》)

丞相弘请为博士置弟子员，学者益广。(《汉书·武帝纪》)

师无其说而弟子独言者，未之有也。(《论衡·自然篇》)

过我门，谓尝附弟子之列；不入我室，谓不闻微言大义。(《法言义疏·问明卷》)

"子弟"则泛指年轻后辈，同时新增了从军者、兵丁的义项，例如：

夫吴自阖庐、春申、王濞三人招致天下之喜游子弟，东有海盐之饶，章山之铜，三江、五湖之利，亦江东一都会也。(《史记·货殖列传》)

孔子在州里，笃行孝道。居于阙党，阙党之子弟畋渔，分有亲者得多，孝以化之也。(《新序·杂事》)

今闻其乃发军兴制，惊惧子弟，忧患长老，郡又擅为转粟运输，皆非陛下之意也。(《汉书·司马相如传下》)

进入魏晋南北朝之后，"弟子"与"子弟"在语义发展上开始分道扬镳，最明显的表现是"弟子"新增了弟弟的儿子和某一宗教（如道教、佛教）的徒众两个义项，"子弟"则无。例如：

弟子玚璩，并以文才称。（弟弟的儿子，即侄子）(《后汉书·应劭传》)

邓攸始避难,于道中弃己子,全弟子。(弟弟的儿子,即侄子)(《世说新语·德行》)

初,巨鹿张角自称"大贤良师",奉事黄老道,畜养弟子,跪拜首过,符水咒说以疗病。(道教的徒众)(《后汉书·皇甫嵩传》)

西汉末年佛教传入中国,所以佛教徒用"弟子"自称的语料出现较晚,例如:

上唯对之恸哭,遣沙门慧琳视之。义康曰:"弟子有还理不?"琳公曰:"恨公不读数百卷书。"(佛教的徒众)《南史·彭城王义康》)

小僧法聪,是这普救寺法本长老座下弟子。(佛教的徒众)(《西厢记》第一折)

长老说罢,唤过鲁智深近前道:"吾弟子此去,与汝前程永别,正果将临也。"(佛教的徒众)(《水浒传》第九十回)

到了唐宋时期,"子弟"和"弟子"又有部分合流的趋势,两词出现了重合义项,即指戏曲艺人,例如:

梨园弟子白发新,椒房阿监青娥老。(白居易《长恨歌》)

开元二年,玄宗……选乐工数百人,自教法曲于梨园,谓之皇帝梨园弟子。至今谓优女为弟子,命伶魁为乐营将者,此其始也。(《演繁露·乐营将弟子》)

高力士,你快传旨排宴,梨园子弟奏乐,寡人消遣咱。

(《梧桐雨》楔子)

安进士问："你们是那里子弟？"苟子孝道："小的都是苏州人。"(《金瓶梅词话》第三十六回)

弟子教成月娥笑，能得花前听几回！(《题梨园图》)

此番去祭晏公，也该做一本神戏。只怕乡村地面，叫不出子弟来，却怎么处？(《比目鱼·荣发》)

宋元时期，"弟子"可用来称妓女，而"子弟"可用来指嫖客，也就是说这一组同素异序词用来指称同一件事情所关涉的主体和客体，例如：

近世择姿容，习歌舞，迎送使客侍宴女子，谓之弟子，其魁谓之行首。(《萍洲可谈》卷三)

卖弄的有伎俩，卖弄的有艳姿，则落的临老来呼弟子。(《谢天香》第一折)

我这门户人家，巴不得接着子弟，就是钱龙入门。(《金线池》第一折)

恋着那送旧迎新泼弟子。(《酷寒亭》第一折)

相公，你不思进取功名，只要上花台做子弟有什么好处？(《玉壶春》第二折)

常言道："妓爱俏，妈爱钞。"所以子弟行中，有了潘安般貌，邓通般钱，自然上和下睦。(《醒世恒言·卖油郎独占花魁》)

表4-5 "弟子""子弟"共现的书证、频次对比

时代	书证	频次 弟子	频次 子弟
春秋战国	《孟子》	4	6
	《论语》	7	0
	《管子》	6	18
	《国语》	1	2
	《墨子》	5	0
	《荀子》	8	7
	《庄子》	23	0
	《韩非子》	6	1
汉代	《史记》	76	44
	《汉书》	102	76
	《盐铁论》	1	3
	《说苑》	17	1
	《战国策》	2	0
	《列女传》	2	2
	《新序》	1	6
	《淮南子》	9	1
魏晋南北朝	《后汉书》	77	61
	《水经注》	23	6
	《三国志》	7	47
	《宋书》	24	47
	《魏书》	66	58
唐五代	《隋书》	26	40
	《晋书》	60	100
	《旧唐书》	31	158
宋代	《欧阳修集》	36	59
	《元丰类稿》	4	5
元明清民国	《金史》	6	34
	《清史稿》	117	173
	《长生殿》	3	5
合计		750	960

由表4-5可以看出,"弟子"和"子弟"使用频次都比较高,汉代是两词使用高峰期,之后使用率一直不低,清代又是一个高峰期。可以说"弟子"和"子弟"自汉代开始,就是比较常用的一组同素异序词,这两个词都保持较高的出现频率,这和它们各自发展出的义项有关。

"弟子"的义项一共有6个,分别是:①为人弟者与为人子者,泛指年幼的人;②学生;③道教、佛教的徒众;④弟弟的儿子;⑤古时称戏剧、歌舞艺人;⑥用以称妓女。

表4-6 "弟子"出现的书证、频次及使用义项

时代	书证	频次	使用义项
春秋战国	《孟子》	4	②
	《周易》	2	①
	《论语》	7	①②
	《管子》	6	②
	《国语》	1	②
	《墨子》	5	①②
	《荀子》	8	①②
春秋战国	《庄子》	23	②
	《韩非子》	6	②
汉代	《史记》	76	①②③④
	《汉书》	102	①②④
	《盐铁论》	1	②
	《列女传》	2	②④
	《说苑》	17	②
	《战国策》	2	②
	《新序》	1	②
	《淮南子》	9	①②
	《新书》	1	②

续表

时代	书证	频次	使用义项
魏晋南北朝	《后汉书》	77	①②③④⑤
	《水经注》	23	①②③④
	《三国志》	7	②④
	《宋书》	24	②③④
	《魏书》	66	①②③④
唐五代	《隋书》	26	②③④
	《晋书》	60	①②③④
	《旧唐书》	31	②④⑤
宋代	《欧阳修集》	36	②③⑤
	《新唐书》	39	②④⑤
	《元丰类稿》	4	②
元明清民国	《明史》	20	②③④
	《谢天香》	1	⑥
	《金史》	6	②③
	《长生殿》	3	⑤
	《西厢记》	3	③
	《清史稿》	117	①②③④⑤
	《红楼梦》	5	③

通过表4-6可以看出"弟子"一词义项②的使用频率最高，义项⑥的使用频率最低。其他的义项使用频率居于中间。到了现代，其他义项逐渐消亡，"弟子"在《现汉》中解释为"学生；徒弟"，仅保留了其使用频率最高的义项。

"子弟"的义项一共有5个，分别是①子与弟。对父兄而言，亦泛指子侄辈。②泛指年轻后辈。③指从军者，兵丁。④谓风流子弟，多指嫖客。⑤旧指戏曲艺人。

表4-7 "子弟"出现的书证、频次及使用义项

时代	书证	频次	使用义项
春秋战国	《孟子》	6	①②③
	《管子》	18	①②
	《国语》	2	①
	《荀子》	7	①②
	《韩非子》	1	③
汉代	《史记》	44	①②③
	《汉书》	76	①②③
	《盐铁论》	3	①③
	《列女传》	2	①
	《说苑》	1	①
	《新序》	6	②
	《淮南子》	1	①
魏晋南北朝	《后汉书》	61	①②③⑤
	《水经注》	6	①②③⑤
	《三国志》	47	①②③
	《宋书》	47	①②③
	《魏书》	58	①②③
唐五代	《隋书》	40	①②③⑤
	《晋书》	100	①②③
	《旧唐书》	158	①②③⑤
宋代	《欧阳修集》	59	①②③
	《新五代史》	14	①③
	《元丰类稿》	5	①
元明清民国	《辽史》	11	①②③
	《金史》	34	①②③
	《金线池》	1	④
	《长生殿》	5	⑤
	《清史稿》	173	①②③
	《红楼梦》	27	①②④⑤

193

通过表4-7可以看出"子弟"一词义项①是最常用的，其次是义项②，使用最少的是义项④。最终进入现代汉语的，正是义项①和②。在《现汉》中，"子弟"有两个义项"弟弟、儿子、侄子等，泛指子侄辈"和"年轻的后辈"。这与从书证中归纳出的使用频率最高的两个义项正好对应。

4. 思念—念思

这是一组出现于汉代的同素异序词，两词都是怀念、想念的意思，做动词时后面都可以带宾语。例如：

上思念李夫人不已，方士齐人少翁言能致其神。（《汉书·孝武李夫人传》）

始光中，世祖思念舅氏，以超为阳平公，尚南安长公主，拜驸马都尉，位大鸿胪卿。（《魏书·杜超传》）

既而强富，子孙不思念报德，才至始毕，即起兵围炀帝于雁门。（《贞观政要·辩兴亡》）

孝子之心，三年之间只思念其父，有不忍改之心。（《朱子语类·父在观其志章》）

今陛下念思祖考，术追厥功，图所以昭光洪业休德。（《汉书·贾山传》）

非君之念思为谁，别日何早会何迟。（陆机《燕歌行》）

同时"思念"和"念思"都有考虑的意思，做动词时可以带宾语。例如：

虽从俗而不能终，犹宜未平于心。今全无悼远之志，反思念

取事，是《春秋》之所甚疾也。（《春秋繁露·玉杯》）

窃自思念，过已大矣，行已亏矣，长为农夫以没世矣。（《汉书·杨恽传》）

念思非无钱以买鹄也，恶有为其君使轻易其弊者乎？念思非不能拔剑刎头，腐肉暴骨于中野也，为吾君贵鹄而贱士也。念思非不敢走陈、蔡之间也，恶绝两君之使，故不敢爱身逃死，来献空笼，唯主君斧锧之诛。（《说苑·奉使》）

但念思恩南宁道里相去隔远，粮米搬运不便，合就于武缘县见贮军饷米内支给，与各领用，以见本院体恤之心。（《王阳明集·犒劳从征土目》）

"思念"和"念思"还都可以做名词。例如：

今者吾从门间观其志气，恂恂自下，思念深矣。（《列女传·齐相御妻》）

每一念思，实多凛若，宜加提举，用复敬恭。须委元臣，以专重事。（《全唐文·委宰臣专判祭祀制》）

除了共同的义项之外，"思念"还有一个义项，表回忆。例如：

事久远，请归思念具对。（《汉书·广陵厉王胥传》）

从义项上看，"思念"和"念思"有不少共同之处，两词都可以做动词带宾语，也都可以做名词；在语义上也有共同之处，除了"念思"没有回忆的义项之外，两者差别不大。正是因为其中一个没有不可替代性，两词发展到最后往往只会剩下一个,最终在现代汉语中"思念"留了下来,"念思"被淘汰了。

5. 性质—质性

"性质"最早见于战国时期文献,例如《荀子·性恶》:"夫人虽有性质美而心辩知,必将求贤师而事之,择良友而友之。""性质"最初指人的本性、秉性,这一义项一直沿用。例如:

姓有五音,人之性质亦有五行。五音之家,商家不宜南向门,则人禀金之性者,可复不宜南向坐、南行步乎?(《论衡·诘术篇》)

廖性质诚畏慎,不爱权势声名,尽心纳忠,不屑毁誉。(《后汉书·马廖传》)

性质直纯厚,其于人物,忠告善道,志存补益。(《三国志·严畯传》)

人性质直,淳信三宝。伽蓝五所,并多荒圮。(《大唐西域记·半笯嗟国》)

过善见儿子人材出众,性质聪明,立心要他读书,却又悭吝,不肯延师在家,送到一个亲戚人家附学。(《醒世恒言·张孝基陈留认舅》)

子平道:"不才那敢辩论!只是性质愚鲁,一时不能激悟,所以有劳黄龙先生指教。方才姑娘说我错了,请指教一二。"(《老残游记》第十一回)

后来,"性质"的词义发展为指人以外的其他事物的质地、特性、本质。例如:

端砚:下岩,色紫如猪肝,密理坚致,温润而泽,储水发墨,叩之有声。但性质坚,矿断裂,尤多瑕疵。(《西溪丛语·端砚》)

芦蕨:性质宜沙地,栽培属夏畦。(《长安客话·芦蕨》)

诗人视一切外物,皆游戏之材料也。然其游戏,则以热心为之,故诙谐与严重二性质,亦不可缺一也。(《人间词话》第一百二十二则)

"质性"出现于汉代,产生时间晚于"性质",也是指人的本质、秉性。

夫学者,崇名立身之本也,仪状齐等而饰貌者好,质性同伦而学问者智。(《说苑·建本》)

而左丞戴胄、右丞魏征,并晓达吏方,质性平直,事应弹举,无所回避。陛下又假以恩慈,自然肃物。(《贞观政要·论择官》)

问其子之为人,曰:"村童也。然质性甚淳厚,未尝妄言,未尝嬉游。唯买盐酪,则一至邑中,可数其行迹,以待其归。径往径还,未尝傍游一步也。"(《梦溪笔谈·人事》)

贤质性巧佞,翼奸以获封侯;父子专朝,兄弟并宠,多受赐,治第宅,造家扩,放效无极,不异玉制,费以万万计,国家为空虚。(《艳异编男宠部》)

小子幼而失学，兼之质性鲁钝，虽屡次观光，奈学问浅薄，至今年已八旬，仍是一领青衫。(《镜花缘》第十六回)

"质性"大多指人，偶尔也可指动物或者事物。例如：

但其质性蠢蠢，非他禽鸟可比，诚难矣哉。(《南村辍耕录》卷二十二)

但散血离骨草质性柔脆，急切不能为绳，须待长足，收刈晒干始可。(《海国春秋》第十一回)

从产生时间上来说，"性质"早于"质性"；从语义上来说，"性质"的指示范围更广，可以指人，也可以指其他事物的本质、特性。到了现代汉语中，只留下了"性质"一词，不过词义范围缩小了，只表示一种事物区别于其他事物的根本属性，而不再表人的本质、本性。

6. 富贵—贵富

"富贵"出现于春秋时期，最早指的是富裕而显贵，也就是财产多地位高。这一义项一直沿用至今。例如：

崇高莫大乎富贵。(《周易·系辞上》)

商闻之矣：死生有命，富贵在天。(《论语·颜渊》)

若先言悲哀喜怒，燥湿寒暑，阴阳妇女，请问其所以然者，卑贱富贵，人之形体所从，群下通使，临事以适道术，谨闻命矣。(《黄帝内经·素问·解精微论篇》)

夫富贵者，则类傲之；夫贫贱者，则求柔之。(《荀子·不苟》)

主利在有劳而爵禄，臣利在无功而富贵。(《韩非子·孤愤》)

虽负贩者，必有尊也，而况富贵乎？富贵而知好礼，则不骄不淫。(《礼记·曲礼上》)

由此观之，圣亡乎治人，而在于得道；乐亡乎富贵，而在于德和。(《淮南子·原道训》)

富贵不归故乡，如衣绣夜行，谁知之者！(《史记·项羽本纪》)

与我，无患不富贵；不吾与，则此是也。(《新序·义勇》)

学积成圣，则富贵尊显至焉。(《说苑·建本》)

与人勤于隘厄，富贵而不顾，无礼。(《列女传·贤明传》)

性行清廉，不贪富贵，非时疾世，义不苟仕，虽不诛此人，此人行不可随也。(《论衡·非韩篇》)

富贵非吾愿，帝乡不可期。(《陶渊明集·归去来辞》)

常观富贵之家，禄位重叠，犹再实之木，其根必伤。(《后汉书·皇后纪》)

不以富贵妨其道，不以隐约易其心。(韩愈《省试颜子不贰过论》)

他不求显达，不求富贵，书并不是他的干禄的工具。(《四世同堂》)

"富贵"还有使动用法,意思是使富裕而显贵。例如:

民恶忧劳,我佚乐之;民恶贫贱,我富贵之。(《管子·牧民》)

梁人高遂乃说婴曰:"能富贵将军者,上也;能亲将军者,太后也。"(《汉书·窦婴传》)

陛下爱幸臣则富贵之,至于朝廷之礼,不可以不肃。(《史记·张丞相列传》)

古之帝王所以外建诸侯内立百官者,非欲富贵其身而尊荣之,盖以天下至广,非一人所能独治,是以博访贤才,助己为治。(《周书·文帝纪下》)

夫享天下之利者,任天下之患;居天下之乐者,同天下之忧。朕非以是富贵卿也,其何以辞?(苏轼《赐新除中大夫守尚书右丞王存辞免恩命不允诏》)

"富贵"由指人有财有势,借指有财有势的人或有钱有势的人家。例如:

其妻问所与饮食者,则尽富贵也。(《孟子·离娄下》)

爱爱居京师,自以为未亡人也,慨然有必死之计。故虽富贵百计万方,卒不能动其心,以至于死。(徐积《爱爱歌序》)

钱思公生长富贵,而性俭约,闺门用度,为法甚谨。(欧阳修《归田录》卷一)

侄生长富贵,消耗先尽;奴子生长贫贱,消耗无多。(《阅

微草堂笔记》)

其生长富贵,不知闾巷之艰难若此。可知'何不食肉糜'之言,洵非虚也。(《啸亭续录·贵臣之训》)

后来,"富贵"一词的使用更加灵活,可以偏指富,也就是只指能体现富的财物、财宝,也可泛指富足、富有。例如:

又况我王仓库不贫,国中富贵。(佚名《武王伐纣平话》)

那汉道:"他是天下闻名的义士好汉,如今我有一套富贵来与他说知,因此而来。"(《水浒传》第十四回)

你如今有了这般势耀,不得此女貌,同享荣华,枉自有许多富贵。(《金瓶梅词话》第八十回)

秀秀提着一帕子金珠富贵,从左廊下出来,撞见崔宁。(《京本通俗小说·碾玉观音》)

总结起来,"富贵"的义项有四个:①富有财产,地位显贵;②使动用法,使富裕而显贵;③指有钱有势的人或人家;④四是偏指富。"富贵"的各义项在历时发展过程中使用的书证及频次具体见表4-8。

表4-8 "富贵"出现的书证、频次及使用义项

时代	书证	频次	使用义项
春秋战国	《孟子》	10	①③
	《周易》	1	①
	《论语》	1	①
	《墨子》	30	①②
	《荀子》	9	①
	《庄子》	6	①
	《韩非子》	13	①②

续表

时代	书证	频次	使用义项
汉代	《史记》	28	①②③
	《汉书》	51	①②③
	《大戴礼记》	9	①
	《盐铁论》	9	①
	《列女传》	3	①
	《说苑》	8	①
	《新序》	5	①
	《淮南子》	11	①
	《新书》	1	①
魏晋南北朝	《后汉书》	29	①②③
	《水经注》	1	①
	《三国志》	12	①④
	《宋书》	30	①④
	《魏书》	28	①④
唐五代	《隋书》	31	①
	《晋书》	49	①③
	《旧唐书》	63	①②
宋代	《欧阳修集》	79	①③
	《新唐书》	52	①②
	《资治通鉴》	190	①②③
元明清民国	《明史》	44	①③
	《元史》	14	①
	《长生殿》	5	①④
	《西游记》	15	①
	《清史稿》	21	①
	《红楼梦》	44	①

由表4-8可以看出，"富贵"一词的义项①是出现频次最多的，也是唯一保留到现代汉语中的义项。在《现汉》中，"富贵"指的是"有钱又有地位；富裕而显贵"。

"贵富"首见于战国时期文献，有两个义项。其一指富贵之人，例如：

故古者圣王，甚尊尚贤，而任使能，不党父兄，不偏贵富，不嬖颜色。（《墨子·尚贤中》）

女子则鼓鸣瑟，跕屣，游媚贵富，入后宫，遍诸侯。（《史记·货殖列传》）

其二指的是富裕而显贵，例如：

民之恶死而欲贵富以长没也，与我同。（《国语·吴语》）

适子庶子祇事宗子宗妇，虽贵富，不敢以贵富入宗子之家。（《礼记·内则》）

无以淫泆弃业，无以贫贱自轻，无以所好害身，无以嗜欲妨生，无以奢侈为名，无以贵富骄盈。（《说苑·谈丛》）

数岁，其吏多以权贵富。（《汉书·酷吏传》）

夏后氏贵爵而尚齿，殷人贵富而尚齿。（《孔子家语·正论解》）

藏金于山，藏珠于渊，不利货财，不近贵富。（《淮南子·衡·原道训》）

贵富太盛，则必骄佚而生过。（《潜夫论·忠贵》）

始共从南阳来，俱以贫贱，依省内，以致贵富。（《后汉书·何进传》）

将贵富难守，薄功而厚飨之者邪？抑丰悴有时，一去一来，而不可常者邪？（韩愈《圬者王承福传》）

智可以综万物之变而不诡，义可以拯生民之厄而不伐。舍则弛，用则张，不以贵富动其心者，其惟诸葛孔明乎！（方孝孺《娱静楼记》）

可以看出，"贵富"的两个义项都与"富贵"重合，在这两个义项中，表示富裕而显贵的义项①使用频率更高，表示富贵之人的义项②使用频率较低。两者具体使用频次见表4-9。

表4-9 "贵富"出现的书证、频次及使用义项

时代	书证	频次	使用义项
春秋战国	《墨子》	1	②
	《庄子》	1	①
汉代	《史记》	4	①②
	《汉书》	1	①
	《大戴礼记》	1	①
	《潜夫论笺校证》	1	①
	《说苑》	1	①
	《论衡》	1	①
魏晋南北朝	《后汉书》	1	①
	《魏书》	1	①
宋代	《东京梦华录》	1	①
	《资治通鉴》	1	①
	《太平御览》	3	①
	《乐府诗集》	1	①
	《元丰类稿》	1	①
	《云笈七签》	1	①
元明清	《明史》	1	①
	《金史》	1	①
	《宋史》	1	①
	《元史》	1	①
	《明儒学案》	1	①

总结起来,"富贵"出现于春秋时期,义项有四。"贵富"出现于战国时期,略晚于"富贵",义项只有二,且与"富贵"的其中两个义项重合。

表4-10 "富贵""贵富"共现的书证、频次对比

时代	书证	频次 富贵	频次 贵富
春秋战国	《孟子》	10	0
	《论语》	1	0
	《墨子》	30	1
	《荀子》	9	0
	《庄子》	6	1
	《韩非子》	13	0
汉代	《史记》	28	4
	《汉书》	51	1
	《盐铁论》	9	0
	《说苑》	8	1
	《大戴礼记》	9	1
	《列女传》	3	0
	《新序》	5	0
	《淮南子》	11	0
	《新书》	1	0
魏晋南北朝	《后汉书》	29	1
	《水经注》	1	0
	《三国志》	12	0
	《宋书》	30	0
	《魏书》	28	1
唐五代	《隋书》	31	0
	《晋书》	49	0
	《旧唐书》	63	0
宋代	《欧阳修集》	79	0
	《新唐书》	52	0
	《资治通鉴》	190	1

续表

时代	书证	频次 富贵	频次 贵富
元明清民国	《明史》	44	1
	《清史稿》	21	0
	《元史》	14	1
	《西游记》	15	0
	《红楼梦》	44	0
合计		896	14

通过表4-10可以看出，在出现频次上，"富贵"远远高于"贵富"，"贵富"在整个汉语发展过程中存在感很低，再加上语义用法上没有不可替代性，所以最后消失在历史中，到了现代汉语中只留下了"富贵"。

7. 长久—久长

"长久"和"久长"产生较早，都见于春秋战国时期文献，都可以指时间很长，持续很久。例如：

哀乐不失，乃能协于天地之性，是以长久。(《左传·昭公二十五年》)

今丘告我以大城众民，是欲规我以利，而恒民畜我也，安可久长也。(《庄子·盗跖》)

可以少顷得奸民之誉，然而非长久之道也。(《荀子·富国》)

有国之母，可以长久。(《韩非子·解老》)

夫虚实者，皆从其物类始，故五脏骨肉滑利，可以长久也。

(《黄帝内经·素问·通评虚实论篇》)

到了汉代,两词的用法基本固定,做形容词修饰名词,或者直接做谓语,都表示时间长。例如:

是故妇顺备而后内和理,内和理而后家可长久也,故圣王重之。(《礼记·昏义》)

事不师古而能长久者,非所闻也。(《史记·秦始皇本纪》)

以母制子,故能久长。(《盐铁论·论菑》)

周、秦粲然,皆有天下而南面焉,然安危长久殊世。(《盐铁论·杂论》)

明王圣君无不容,故安乐而长久。(《说苑·君道》)

吾闻与人交者,推其长者,违其短者,故能久长矣。(《说苑·杂言》)

其后五伯更帅诸侯以尊周室,故周于三代最为长久。(《汉书·地理志》)

是以东垂被虚耗之害,关中有无聊之民,非久长之策也。(《汉书·元帝纪》)

桑谷之妖亡,诸侯朝而年长久。(《论衡·异虚篇》)

甫侯谏之,穆王存德,享国久长,功传于世。(《论衡·非韩篇》)

斯诚大汉厚下安人长久之德,所以累世十八,历载数百,废而复兴,绝而复续者也。(《后汉书·祭遵传》)

比年虽获丰穰,尚乏储积,而小人无虑,不图久长,嫁娶送

终，纷华靡丽，至有走卒奴婢被绮谷，着珠玑。(《后汉书·孝安帝纪》)

秦人功赏相长也，五甲首而隶五家，是最为众强长久。(《法言义疏·寡见卷》)

昔在有熊、高阳、高辛、唐、虞、三代，咸有显懿，故天胙之，为神明主，且著在天庭，是生民之愿也，厥飨国久长。(《法言义疏·重黎卷》)

可以看到，两词同时出现在同一典籍文献中，且意义用法相同，也就是说，这一时期"长久"和"久长"完全可以互换。之后很长一段时期内也基本一直是这样。例如：

天地何长久，人道居之短。(曹操《秋胡行》其二)

良由事不画一，难用遵行，自非急病权时，宜守久长之业。(《宋书·何尚之传》)

汉武帝缮年久长，比崩而茂陵不复容物，其树皆已可拱。赤眉取陵中物不能减半，于今犹有朽帛委积，珠玉未尽。(《晋书·索子𬘘传》)

盛业洪基，同天地之长久；英声茂实，齐日月之照临。(《隋书·于宣敏传》)

补阙暮征入，柱史晨征憩。正当艰难时，实藉长久计。(杜甫《送樊二十三侍御赴汉中判官》)

事虽出于一时，心岂忘于长久？(《旧唐书·懿宗本纪》)

向使高丽违失臣节，陛下诛之可也；侵扰百姓，而陛下灭之可

也；久长能为中国患，而陛下除之可也。（《旧唐书·房玄龄传》）

野态芳姿，枝头占得春长久。（王十朋《点绛唇·酴醾》）

春燕笑道："妈，你若好生安分守己，在这屋里长久了，自有许多好处。"（《红楼梦》第六十回）

为下者皆当早作夜思，宣力供职，以永受国家惠养。方可谓之计长久。（《清史稿·舒赫德传》）

承天地久长，容蹈凝华德象彰。（《清史稿·乐四》）

"长久"还有另外一个意思，表示长寿，但是出现频次不多。例如：

敢问治身，奈何而可以长久？（《庄子·在宥》）

臣独何人，以堪长久，常恐先朝露，填沟壑。（曹植《求自试表》）

余尝譬人之坐卧也，得其所，则心安魄静，可以长久。（《七修续稿·诗文·风水》）

将"长久"最常用的义项时间很长，持续很久记为①，将其表示长寿的义项记为②，其在古代典籍中的使用情况见表4-11。

表4-11 "长久"出现的书证、频次及使用义项

时代	书证	频次	使用义项
春秋战国	《荀子》	4	①
	《韩非子》	1	①
	《孙膑兵法》	1	①
	《庄子》	2	①②
	《春秋左传》	1	①

209

续表

时代	书证	频次	使用义项
汉代	《史记》	7	①
	《汉书》	10	①
	《大戴礼记》	1	①
	《论衡》	4	①②
	《说苑》	4	①
	《盐铁论》	1	①
	《新书》	5	①
魏晋南北朝	《魏书》	6	①
	《后汉书》	9	①
	《三国志》	8	①②
	《宋书》	7	①
唐五代	《隋书》	8	①②
	《晋书》	13	①②
	《旧唐书》	17	①②
	《贞观政要》	9	①
	《北史》	7	①
宋代	《欧阳修集》	15	①②
	《新唐书》	15	①
	《云笈七签》	21	①②
	《新五代史》	1	①
	《资治通鉴》	22	①②
	《艺文类聚》	18	①②
元明清民国	《明史》	6	①
	《阅微草堂笔记》	1	①
	《金史》	13	①
	《初刻拍案惊奇》	1	①
	《二刻拍案惊奇》	4	①
	《警世通言》	4	①
	《醒世恒言》	3	①
	《西游记》	5	①②
	《清史稿》	3	①
	《红楼梦》	2	①

"久长"常用义项时间很长,持续很久与"长久"相同,也记为①,其在古代典籍中使用情况见表4-12。

表4-12　"久长"出现的书证、频次及使用义项

时代	书证	频次	使用义项
春秋战国	《庄子》	1	①
汉代	《史记》	4	①
	《汉书》	6	①
	《大戴礼记》	1	①
	《列女传》	1	①
	《论衡》	1	①
	《说苑》	1	①
	《潜夫论》	1	①
	《盐铁论》	2	①
	《春秋繁露》	1	①
魏晋南北朝	《魏书》	3	①
	《后汉书》	7	①
	《三国志》	3	①
	《宋书》	2	①
唐五代	《隋书》	1	①
	《晋书》	4	①
	《旧唐书》	12	①
	《贞观政要》	1	①
	《北史》	1	①
宋代	《欧阳修集》	1	①
	《新唐书》	5	①
	《云笈七签》	2	①
	《旧五代史》	1	①
	《资治通鉴》	23	①
	《艺文类聚》	5	①
	《太平御览》	9	①
元明清民国	《明史》	6	①
	《长生殿》	1	①
	《金史》	2	①
	《初刻拍案惊奇》	1	①
	《二刻拍案惊奇》	2	①

续表

时代	书证	频次	使用义项
元明清民国	《金瓶梅》	2	①
	《醒世恒言》	1	①
	《闲情偶寄》	1	①
	《清史稿》	5	①
	《浮生六记》	1	①

表4-13 "长久""久长"共现的书证、频次对比

时代	书证	频次 长久	频次 久长
春秋战国	《庄子》	2	1
汉代	《史记》	7	4
	《汉书》	10	6
	《盐铁论》	1	2
	《说苑》	4	1
	《大戴礼记》	1	1
魏晋南北朝	《后汉书》	9	7
	《三国志》	8	3
	《宋书》	7	2
	《魏书》	6	3
唐五代	《隋书》	8	1
	《晋书》	13	4
	《旧唐书》	17	12
宋代	《欧阳修集》	15	1
	《新唐书》	15	5
	《资治通鉴》	22	23
元明清民国	《明史》	6	6
	《清史稿》	3	5
	《金史》	13	2
	《西游记》	5	0
	《红楼梦》	2	0
合计		174	89

对比"长久"和"久长"共现频次（表4-13），可以看出，虽说"长久"使用频率稍高，但两词相差不多。从义项上看（表4-11、表4-12），"长久"有两个义项，义项①使用较多；"久长"只有一个义项，也就是与"长久"相同的义项，用此义项时两词在发展过程中一直可以互换使用。现代汉语中，"长久"使用频率仍高于"久长"，在搜索北大CCL现代汉语语料库中的报刊语料时（截至2022年1月），"长久"有2639条结果，"久长"只有91条结果。在《现汉》中收录了"长久"，而未收录"久长"，可见"久长"已经被淘汰了。

8. 平和—和平

"平和"和"和平"最早都出现于春秋战国时期的文献，结构都是联合式。在语义上它们有共同的义项，都可以从宏观上指政治稳定、社会和谐、没有战乱；从微观上指人的心里宁静、温和、和顺，不偏激。在宏观上指政治稳定、社会和谐、没有战乱之义的，例如：

圣人感人心而天下和平。（《周易·咸》）

今皇帝并一海内，以为郡县，天下和平。昭明宗庙，体道行德，尊号大成。（《史记·秦始皇本纪》）

自古无道之国，水犹不冒城郭。今政治和平，世无兵革，上下相安，何因当有大水一日暴至？此必讹言也，不宜令上城，重惊百姓。（《汉书·王商传》）

历观世主时臣，无不各欲为化，垂之无穷，然而平和之政万无一者，盖以圣主贤臣不能相遭故也。(《后汉书·何敞传》)

诏曰："朕以寡薄，政缺平和，不能仰缉纬象，蠲兹六沴。去秋淫雨，洪水为灾，百姓嗷然，朕用嗟愍，故遣使者循方赈恤。……"(《魏书·高祖纪》)

愚谓从朝夕之因，求祇劫之果，未若先万国之忻心，以事其亲，使天下和平，灾害不生者也。(《魏书·张普惠传》)

七曜由乎天衢，则天下平和；由阳道则旱丧；由阴道则水兵。(《晋书·天文志》)

王者至孝，神祇咸喜，则织女星俱明，天下和平。(《晋书·天文志》)

天子南面，干覆离明。三千咸列，万国填并。犹从禹会，如次汤庭。奉兹一德，上下和平。(《隋书·音乐志》)

自我朝建国，仅将百年，天下和平，其来已久。(《旧唐书·中宗睿宗纪》)

比契丹复盟，西夏款塞，公卿忻忻，日望和平。(《宋史·孙沔传》)

今与诸臣约，论一人当惟公惟平，毋轻摇笔端；论一事当惩前虑后，毋轻试耳食。以天下万世之心，衡天下万世之人与事，则议论公，而国家自享安静和平之福。(《明史·邹元标传》)

在微观上指人的心里宁静、温和、和顺，不偏激，例如：

于是有烦手淫声，慆堙心耳，乃忘平和，君子弗德也。(《左传·昭公元年》)

衷也者适也，以适听适则和矣。乐无太，平和者是也。(《吕氏春秋·仲夏纪》)

欲之者，耳目鼻口也；乐之弗乐者，心也。心必和平然后乐。心必乐，然后耳目鼻口有以欲之。故乐之务在于和心，和心在于行适。(《吕氏春秋·仲夏纪》)

感涤荡之气而灭平和之德，是以君子贱之也。(《史记·乐书》)

心既和平，其性恬安。恬安不营，则盗贼销；盗贼销，则刑罚少；刑罚少，则阴阳和，四时正，风雨时，草木畅茂，五谷蕃孰，六畜遂字，民不夭厉，和之至也。(《汉书·严安传》)

夫生我者父也，娠我者母也，犹不能令我形器必中适，姿容必妖丽，性理必平和，智慧必高远，多致我气力，延我年命。(《抱朴子·内篇·塞难》)

谧兄谘，字兴伯，性平和。自通直正员郎，迁太子庶子、司空司马、鸿胪少卿。迁后将军、肆州刺史，固辞不拜。(《魏书·拓跋谘传》)

聿修少平和温润，素流之中，最有规检。(《北齐书·袁聿修传》)

215

豫之言舒也，言禀平和之气，性理安舒也。（《隋书·地理志》）

以此反自慰，常得心平和。（白居易《寄同病者》）

春时俗说难于将摄，勉加调护，速就和平。千百胸怀，不具一二。药物所须，无惮奏请之烦也。（《旧唐书·裴度传》）

古人以乐教冑子，缘平和中正。（《朱子语类·尚书一》）

概秉心和平，与人无怨怒。虽在事如不言，然阴以利物者为不少，议者以比刘宽、娄师德。坐张诰贬六年，念之终不衰，诰死，恤其家备至。（《宋史·赵概传》）

高攀龙一疏，正直和平，此陛下忠臣，亦辅臣诤友。至如应宿辨疏，涂面丧心，无复人理。（《明史·安希范传》）

别的丫头素仰宝钗贞静和平，各人心服，无不安静。（《红楼梦》第九十九回）

"平和"与"和平"在表示以上两个义项时，都可做动词，后面可以带宾语。例如：

夫乐而不荒，忧而不困，先王所以平和府藏，颐养精神，致之无疆。（《后汉书·马融传》）

明主犹羿也，平和其法，审其废置而坚守之，有必治之道，故能多举而多当。（《管子·形势解》）

娘娘空费神思，不如保重贵体，和平两国罢！（动词）（雪樵主人《双凤奇缘》第五十回）

除了相同点之外，两词也有不同之处。"和平"可以指两个或两个以上的事物之间关系协调和睦，无矛盾，无冲突。例如：

是故穷则必有名，达则必有功，仁厚兼覆天下而不闵，明达用天地理万变而不疑，血气和平，志意广大，行义塞于天地之间，仁知之极也。（《荀子·君道》）

当此之时，阴阳和平，风雨时节，万物蕃息。（《淮南子·氾论训》）

尊行县还，上奏曰："强不陵弱，各得其所，宽大之政行，和平之气通。"（《汉书·王尊传》）

寸口、关上、尺中三处，大小、浮沉、迟数同等，虽有寒热不解者，此脉阴阳为和平，虽剧当愈。（《伤寒论·辨脉法》）

若施政令，钦顺时节，官得其人，则阴阳和平，七曜循度。（《三国志·吴书·步骘传》）

夫为治者，因宜以设官，举贤以任职，故上下和平，民无怨谤。（《魏书·高宗纪》）

躬自诣阙，为之请命，匍匐顿颡。朕哀其义，特免死辜。使天下妇人皆如冯者，岂不闺门雍睦，风俗和平！（《隋书·陆让母传》）

其声中正平和，清不至高，浊不至下，焦急之声一朝顿革，闻者无不欢忻，调唱和气油然而生焉。（《宋朝事实·乐律》）

伏几圣心豁然，永为皇极之主，使是非由此而定，邪正由此而别，公论由此而明，私情由此而熄，道学之讥由此而消，朋党之迹由此而泯，和平之福由此而集，国家之事由此而理，则生灵之幸，社稷之福也。（《宋史·刘光祖传》）

家里有了一个女孩儿，长的好些儿，便献宝的似的，常常在老太太跟前夸他们姑娘怎么长的好，心地儿怎么好，礼貌上又好，说话儿又简绝，做活计儿手又巧，会写会算，尊长上头最孝敬的，就是待下人也是极和平的。（《红楼梦》第九十四回）

"和平"还可以指音乐方面的和谐和顺。例如：

夫有和平之声，则有蕃殖之财。（《国语·周语》）

美其和平而哀其丧乱，以兹援律，乃播其声焉。（《晋书·乐志》）

寻常琴家最取广陵操，以某观之，其声最不和平，有臣陵其君之意。（《朱子语类·尚书一》）

虞乐九成，以箫为主；商乐和平，以磬为依；周乐合奏，以金为首。钟、磬、箫者，众乐之所宗，则天子之乐用八；钟、磬、箫，众乐之本，乃倍之为十六。（《宋史·乐志》）

为辞章有精魄，金舂玉撞，壹发其和平之音，海内来求者，如购拱璧，碑版焜煌，照耀四裔，苟非其人，虽一金易一字，毅然不与。（《元史·胡长孺》）

但可吹和平繁縻之音调，若吹金石清壮之调，笛管必将碎裂。（《隋唐演义》第九十五回）

这曲叫《枯桑引》又名《胡马嘶风曲》，乃军阵乐也。凡箜

箜所奏，无和平之音，多半凄清悲壮；其至急者，可令人泣下。（《老残游记》第十回）

而"平和"则可以表示康复、痊愈，"和平"无此义项。例如：

伏惟圣体渐就平和，上下同庆，不觉抃舞。臣等愚瞽，窃有微怀，以为收功于所忽，事乃无悔；虑福于垂成，祚乃日新。（《晋书·华表传》）

窃闻尊候平和，真卿瞻仰瞻仰！（颜真卿《与御史帖》）

"和平"的义项可以归纳为四类：①国家层面的政治稳定，②个人层面的性格温和、内心和顺，③事物之间关系协调和睦，④乐声和顺。具体出现书证、频次见表4-14。

表4-14 "和平"出现的书证、频次及使用义项

时代	书证	频次	使用义项
春秋战国	《周易》	1	①
	《荀子》	2	①③
	《吕氏春秋》	2	②
	《管子》	3	②
汉代	《史记》	4	①②
	《汉书》	7	①③
	《大戴礼记》	1	②
	《盐铁论》	1	②
	《说苑》	2	①②
	《淮南子》	1	③
	《春秋繁露》	5	①②

219

续表

时代	书证	频次	使用义项
魏晋南北朝	《后汉书》	6	①②
	《三国志》	1	③
	《宋书》	1	①
	《魏书》	3	①③
唐五代	《隋书》	8	①②③④
	《晋书》	7	①②
	《北史》	2	①②
	《旧唐书》	25	①③④
宋代	《欧阳修集》	7	①②③
	《云笈七签》	6	②④
	《新唐书》	5	①②
	《太平御览》	34	①②③
	《资治通鉴》	6	①②④
元明清民国	《明史》	9	①②③
	《元史》	1	④
	《阅微草堂笔记》	1	②
	《文献通考》	18	①②③④
	《子不语》	1	②
	《红楼梦》	9	②
	《清史稿》	31	①②③④

从表4-14可以看出,"和平"的几个义项中①和②出现频率很高,义项③次之,④最低。发展到现代汉语,义项④已经完全消失;义项③也不再使用;义项①的语义缩小了,仅仅指没有战争的状态;义项②也由指人转指事物温和,不猛烈。

"平和"的义项可以归纳为三个:①②与"和平"①②

相同，③表示康复、痊愈。具体出现频次和使用义项见表4-15。

表4-15 "平和"出现的书证、频次及使用义项

时代	书证	频次	使用义项
春秋战国	《春秋左传》	1	①
	《吕氏春秋》	1	②
	《管子》	1	①
汉代	《史记》	1	②
	《说苑》	1	②
	《新书》	1	②
魏晋南北朝	《后汉书》	3	①②
	《水经注》	2	②
	《三国志》	3	②
	《宋书》	1	①
	《魏书》	2	②
唐五代	《隋书》	4	①
	《晋书》	4	②③
	《北史》	3	②
	《艺文类聚》	1	①
宋代	《欧阳修集》	3	③
	《新唐书》	1	①
	《云笈七签》	5	①②
	《太平御览》	5	①②③
	《太平广记》	2	①③
元明清民国	《文献通考》	2	②
	《子不语》	1	②
	《阅微草堂笔记》	1	②
	《红楼梦》	2	②③
	《清史稿》	1	②

可以看出,在"平和"的三个义项当中,义项②表示人性情温和的出现频率最高,其次是义项①指国家层面稳定和谐。不过义项①主要出现在元明清之前,元明清之后,义项①已经不再出现,义项②则发挥着主要作用。发展到现代汉语,义项①③已基本不可见,剩下义项②则发展为三个义项,由指人的性情或言行温和到指药物作用温和,不剧烈,再到气氛平静、安宁。除此之外,"平和"的动词用法也保留了下来,引申为(纷扰)停息。

"平和"侧重表示个人层面,"和平"侧重表示国家层面,正是由于两词的分工造成了它们的互相不可替代性,最终两词都保留了下来。同时,因为两词是同素异序词,在历时的发展中,"平和"与"和平"的使用频次略有差异(见表4-16),"和平"的使用频次多于"平和"。但在发展到近代汉语之后,"平和"主要使用的义项为②,也就是侧重于表示个人的性情温和等,这也使得这一义项成为现代汉语中"平和"最主要的义项;而表示个人层面的义项被"平和"挤占了之后,原本义项①②并重的"和平"语义缩减了,由原来的三个义项变为两个,同时语义范围也缩小了。应该说,"平和"和"和平"在现代汉语中对原有的共同义项进行了分工,两词的词义并未完全割裂,词义之间仍有联系,还有着共同的义项,即都可以表示药物作用温和,不剧烈。

表4-16 "和平""平和"共现的书证、频次对比

时代	书证	频次 平和	频次 和平
春秋战国	《管子》	1	3
春秋战国	《吕氏春秋》	1	2
春秋战国	《春秋左传》	1	1
汉代	《史记》	1	4
汉代	《说苑》	1	2
魏晋南北朝	《后汉书》	3	6
魏晋南北朝	《水经注》	2	1
魏晋南北朝	《三国志》	3	1
魏晋南北朝	《宋书》	1	1
魏晋南北朝	《魏书》	1	2
唐五代	《隋书》	4	8
唐五代	《晋书》	4	7
唐五代	《北史》	3	2
唐五代	《旧唐书》	1	25
宋代	《欧阳修集》	3	7
宋代	《新唐书》	1	5
宋代	《云笈七签》	5	6
宋代	《太平御览》	5	34
宋代	《资治通鉴》	1	6
元明清民国	《明史》	1	9
元明清民国	《文献通考》	2	18
元明清民国	《子不语》	1	1
元明清民国	《阅微草堂笔记》	1	1
元明清民国	《清史稿》	2	31
合计		49	183

9. 如何—何如

"何如"首见于春秋战国时期的文献，较早的义项是作为疑问代词表示询问，指怎么样，该义项记作①。

223

子木问于赵孟曰:"范武子之德何如?"(《左传·襄公二十七年》)

武侯曰:"楚庄王之语何如?"吴起对曰:"楚庄王谋事而当,群臣莫能逮,退朝有忧色……"(《荀子·尧问》)

魏惠王谓卜皮曰:"子闻寡人之声闻亦何如焉?"对曰:"臣闻王之慈惠也。"(《韩非子·内储说》)

齐王谓子良曰:"大夫来献地,今常守之何如?"(《战国策·楚策》)

今日何为而义,旦日何为而荣,此难知也。问瞽师曰:"白素何如?"曰:"缟然。"曰:"黑何若?"曰:"黩然。"(《淮南子·主术训》)

终日逐禽,罢而释之,则非计也。盖舜绍绪,禹成功。今欲以军兴击之,何如?(《盐铁论·击之》)

妻曰:"晏子长不满三尺,身相齐国,名显诸侯。今者吾从门间观其志气,恂恂自下,思念深矣。今子身长八尺,乃为之仆御耳,然子之意,洋洋若自足者,妾是以去也。"其夫谢曰:"请自改,何如?"(《列女传·贤明传》)

始祖问曰:"我子既历他国,进德何如?"(《魏书·序纪》)

今化及杀之,大逆无道,此吾仇矣,请与诸公讨之,何如?(《旧唐书·窦建德传》)

汪罕闻之,语亦剌合曰:"我向者之言何如?吾儿宜识

之。"(《元史·太祖本纪》)

又云:"衣裳分上下服,而今衣恒掩裳。裳制如帷,而今两幅。朕意衣但当与裳要下齐,而露裳之六章,何如?"(《明史·舆服·皇帝冕服》)

小仙偶然想起,素闻鸾凤能歌,百兽能舞,既有如此妙事,何不趁此良辰,请百鸟、百兽二位大仙,吩咐手下众仙童来此歌舞一番?诸位大仙以为何如?(《镜花缘》第一回)

徐以成约为辞。叟曰:"信行君子也。然去新岁尚远,敬以黄金一两为赘,暂留教之,明岁另议何如?"徐可之。(《聊斋志异·爱奴》)

作为疑问代词,"何如"另一个意思是怎么办,该义项记作②。

往言不可及也,且人中心唯无忌之固,何可败也!子将何如?(《国语·晋语》)

今鲁惧,杀公子纠、召忽,囚管仲以予齐,鲍叔知无后事,必将勤管仲以劳其君,愿以显其功。众必予之有得。力死之功,犹尚可加也,显生之功,将何如?(《管子·小匡》)

智过怪其色,因入见知伯曰:"二君貌将有变。"君曰:"何如?"曰:"其行矜而意高,非他时节也,君不如先之。"(《韩非子·十过》)

荆宣王问群臣曰:"吾闻北方之畏昭奚恤也,果诚何如?"(《战国策·楚策》)

225

太祖敕外厩急具精马三匹,并骑二人,谓融曰:"祢衡竖子,乃敢尔!孤杀之无异于雀鼠,顾此人素有虚名,远近所闻,今日杀之,人将谓孤不能容。今送与刘表,视卒当何如?"(《三国志·魏书·荀彧传》)

上谓晟曰:"于卿何如?"晟对曰:"若突厥背诞,须齐之以刑。今其昆弟自相夷灭,阿波之恶,非负国家。因其困穷,取而为戮,恐非招远之道,不如两存之。"(《隋书·长孙晟传》)

帝曰:"玉速帖木儿朕当思之,拨鲁罕宽缓,不可。"安童对曰:"阿必赤合何如?"帝曰:"此事朕自处之。罢行御史台者,当如所奏。"(《元史·世祖本纪》)

"何如"还有用于陈述或设问的情况,意思是怎么样、什么样,不是询问,因此不需要回答,该义项记作③。

秦与赵为难,荆苏使齐,未知何如。以臣观之,则齐、赵之交未必以荆苏绝也;若不绝,是悉赵而应二万乘也。(《韩非子·存韩》)

今子,东国之桃梗也,刻削子以为人,降雨下,淄水至,流子而去,则子漂漂者将何如耳。(《战国策·齐策》)

魏文侯与士大夫坐,问曰:"寡人何如君也?"群臣皆曰:"君仁君也。"(《新序·杂事》)

陈宫叛迎吕布而百城皆应,似能有为,然以君观之,布何如人哉!夫布,粗中少亲,刚而无礼,匹夫之雄耳。(《三国

226

志·程昱传》）

赞曰："龙漦易貌，丙殿昌储。胡为穹昊，生此夔魖？夺攘神器，秽亵皇居。穷妖白首，降鉴何如。"（《旧唐书·则天皇后本纪》）

今天颜咫尺，知而不言，罪也。承命而归，事不克济，罪当何如！（《元史·张晋亨传》）

从前好梦歹梦，俱已做过，今看破红尘，意欲求仙访道，未卜此后何如，何不叩求神明指示？（《镜花缘》第七回）

少间，张起溲溺，闻小语曰："适所言南城狐巫，未知何如人。小人欲从先生往观之，烦一言请于主人。"（《聊斋志异·胡四相公》）

"何如"还可以用于比较句，在这里分为两种情况：一种表示比……怎么样，另一种表示胜过或不如。表示比……怎么样的义项记作④。

帝手毁其表而竟行猎，中道顿息，问侍臣曰："猎之为乐，何如八音也？"（《三国志·吴书·鲍勋传》）

太宗曰："刘裕武能何如慕容垂？"浩曰："裕胜。"（《魏书·崔浩传》）

孝宗问曰："今历与古历何如？"对曰："尧时冬至日在牵牛，今冬至日在斗一度。"（《宋史·律历》）

帝问："儒家何如巫医？"对曰："儒以纲常治天下，岂方技所得比。"（《元史·高智耀传》）

李笑曰："君视妾何如莲香美？"曰："可称两绝，但莲卿肌肤温和。"（《聊斋志异·莲香》）

用反问的语气表示胜过或不如的义项记作⑤。

问死事之寡，其饩廪何如问国之有功大者，何官之吏也？（《管子·问》）

卿若杀身成名，贻之竹素，何如甘彼刍菽，以辱君父？（《北史·卢昶传》）

恶其厚费，何如勿买。（苏轼《谏买浙灯状》）

今不循其本，乃欲重困乡差，全不支钱，而应募之人尽数支给，又放免役钱二十贯，欲以诱胁尽令应募，何如直添重难月给，令招募得行。（《宋史·食货》）

乃奏记尚书李汝华曰："与其请不发之帑，何如留未进之金？"（《明史·鹿善继传》）

媪曰："无论满生已死，纵或不死，与其从穷措大以椎布终也，何如衣锦而厌粱肉乎？"（《聊斋志异·细侯》）

今贵处以燕窝为美，不知何所取义，若取其味淡，何如嚼蜡？（《镜花缘》第十二回）

"何如"还有表示询问之意，意思是何故、为什么、什么原因，此义项记作⑥。

今吾拥十万之众，屯于境上，国之重任，今单车来代之，何如哉？（《史记·魏公子列传》）

上怒甚，谓绰曰："卿惜辛亶而不自惜也？"命左仆射高颎将绰斩之,绰曰:"陛下宁可杀臣,不得杀辛亶。"至朝堂,解衣当斩,上使人谓绰曰:"竟何如?"对曰:"执法一心,不敢惜死。"(《隋书·赵绰传》)

久闻先生作诗,不喜苏黄,何如?(《归潜志》卷八)

"何如"的这6个义项出现的书证和频次情况见表4-17。

表4-17 "何如"出现的书证、频次及使用义项

时代	书证	频次	使用义项
春秋战国	《论语》	20	①
	《孟子》	14	①
	《墨子》	1	①
	《管子》	12	①②③
	《列子》	1	①
	《荀子》	10	①
	《庄子》	6	①⑥
	《春秋左传》	14	①②
	《韩非子》	12	①②⑥
汉代	《史记》	52	①②③④⑥
	《汉书》	34	①②③④⑥
	《大戴礼记》	8	①
	《盐铁论》	1	①
	《列女传》	2	①⑥
	《说苑》	22	①②⑤
	《论衡》	11	②⑥
	《新序》	6	①②
	《淮南子》	7	①
	《新书》	5	①②
魏晋南北朝	《后汉书》	34	①②③④⑥
	《水经注》	1	①
	《三国志》	27	①②③④
	《宋书》	17	①②③④⑥
	《魏书》	25	①②③④⑤

229

续表

时代	书证	频次	使用义项
唐五代	《隋书》	12	①②④
	《晋书》	63	①②③④⑤
	《旧唐书》	41	①②③④⑤
宋代	《欧阳修集》	25	①③④⑤
	《新唐书》	37	①②③④⑥
	《云笈七签》	4	①③
	《资治通鉴》	211	①②③④⑤⑥
元明清民国	《明史》	54	①②③④⑤⑥
	《元史》	34	①②③④
	《红楼梦》	20	①③⑤
	《清史稿》	44	①②③④⑤

从表4-17中可以看出，义项①使用频次最高。从魏晋南北朝开始一直到民国时期，这6个义项出现得都比较频繁，使用频率较高。发展到现代汉语，"何如"作为一个书面语用词保留了下来，义项减少为3个：一是作为疑问代词表示怎么样，也就是义项①；二是表示怎么样、什么样，也就是义项③；三是用反问的语气表示胜过或不如，也就是义项⑤。

"如何"亦出现于春秋战国时期，最早的义项是怎样、怎么，记为义项①。

帝曰："俞？予闻，如何？"（《尚书·尧典》）

武侯问曰："两军相望，不知其将，我欲相对之，其术如何？"（《吴子·论将》）

今天下大乱，城门之外，皆是盗贼。若守小节，旦夕死亡；

若举义兵，必得天位。众情已协，公意如何？（《旧唐书·裴寂传》）

且河决不过占一河之地，或西或东，若利害无所校，听其所趋，如何？（《宋史·河渠》）

元贞二年春，召至便殿曰："朕知卿疾之故，以卿不能从人，人亦不能从卿也。欲以段贞代卿，如何？"（《元史·不忽木传》）

熹曰："只当以文王为配。"又曰："继周者如何？"（《明史·礼二》）

贾蓉道："正是。请先生坐下，让我把贱内的病症说一说，再看脉，如何？"（《红楼梦》第十回）

上面例句中"如何"主要是放在句末表示征求意见，除此之外，它还可以放在句中表示怎样，例如：

鲁哀公问于孔子曰："吾欲论吾国之士，与之治国，敢问如何取之邪？"（《荀子·哀公》）

当斯之时，进退狼跋，法孝直为之辅翼，令翻然翱翔，不可复制，如何禁止法正使不得行其意邪！（《三国志·吴书·法正传》）

高宗心疑道："许多随驾去的臣宰尚不能逃，公主鞋弓袜小，如何脱离得归来？"（《初刻拍案惊奇》第二卷）

义项②表示奈何、怎么办。例如：

二十六年，献公卒。里克将杀奚齐，先告荀息曰："三公子之徒将杀孺子，子将如何？"（《国语·晋语》）

孔青曰:"敌齐不尸则如何?"宁越曰:"战而不胜,其罪一。与人出而不与人入,其罪二。与之尸而弗取,其罪三。民以此三者怨上,上无以使下,下无以事上。是之谓重攻之。"(《吕氏春秋·不广》)

光曰:"昌邑王行昏乱,恐危社稷,如何?"(《汉书·霍光传》)

琨母时在军中,谓琨曰:"恐州家多发水军来逆人,则不利矣,如何可驻邪?宜伐芦苇以为泭,佐船渡军。"(《三国志·吴书·妃嫔传》)

癸丑,上御紫宸,对宰臣曰:"币轻钱重如何?"杨嗣复曰:"此事已久,不可遽变其法,法变则扰人。但禁铜器,斯得其要。"(《旧唐书·文宗》)

今六塔止是别河下流,已为滨、棣、德、博之患,若全回大河,顾其害如何?此臣故谓近乎欺罔之缪也。(《宋史·河渠》)

大禹圣人,闻善即拜,益犹戒之以"任贤勿贰,去邪勿疑",后世人主宜如何也?此任贤之难也。(《元史·许衡枢传》)

义项③指对付、处置,做动词。

若贼众一倍,而我兵损半,虽复使伊、管图之,未可如何。(《三国志·吴书·诸葛恪传》)

将军英图不世,猛气无前,但物不遂心,俛俛从事。每一思

此，我劳如何。(《隋书·史祥传》)

武备卿即烈，前太尉不花，以累朝待遇之隆，俱致高列，不思补报，专务奸欺，诈称奉旨，令鹰师强收郑国宝妻古哈，贪其家人畜产，自恃权贵，莫敢如何。(《元史·张珪传》)

义项④与义项③相对应，指对付、处置的办法，做名词。

相舍后园近吏舍，吏舍日饮歌呼。从吏恶之，无如何，乃请参游后园。(《汉书·曹参传》)

若因之以饥馑，加之以他寇，则安危之策，未知如何。(《宋史·张亢传》)

自此盐法大坏，奸人横行江湖，官司无如何矣。(《明史·侣钟传》)

阮惠自为泰德王，郑栋自为郑靖王，两并抗黎，王无如何也。(《圣武记》)

义项⑤指的是怎么、为什么。

伤未及死，如何勿重？若爱重伤，则如勿伤。(《左传·僖公二十二年》)

子贡曰："夫三王五帝之治天下不同，其系声名，一也。而先生独以为非圣人，如何哉？"(《庄子·天运》)

高祖甚伤惜之，谓秦王使者曰："语尔王，我前令子相缓来，如何乃遣驰驿？杀我子相，岂不由汝邪？"(《隋书·王韶传》)

所至已辄减刻，元祐改法，又行减削，既多不支月给，如何肯就招募？（《宋史·役法》）

如何江上思，偏动越人悲？（欧阳修《荷叶》）

义项（6）表反问，犹言"那又是什么"，例如：

夫鼠昼伏夜动，不穴于寝庙，畏人故也。今君闻晋之乱而后作焉，宁将事之，非鼠如何？（《左传·襄公二十三年》）

尔为仁为义，人弑尔君，而复国不讨贼，此非弑君如何？（《公羊传·宣公六年》）

另外，"如何"还指一种传说中的树，《神异经·南方经》中有言："南方大荒有树焉，名曰如何，三百岁作华，九百岁作实……金刀剖之则酸，芦刀剖之则辛。"此时作为专有名词使用，因为出现次数极少，且语义用法单一，故此义项不在讨论范围之内。

"如何"六个义项的使用频次及书证使用义项情况见表4-18。

表4-18 "如何"出现的书证、频次及使用义项

时代	书证	频次	使用义项
春秋战国	《论语》	1	①
	《诗经》	18	①②
	《尚书》	3	①
	《孟子》	5	①②
	《管子》	1	①
	《荀子》	1	①
	《庄子》	1	①
春秋战国	《春秋左传》	4	①②⑤⑥

续表

时代	书证	频次	使用义项
汉代	《史记》	10	①②
	《汉书》	9	①②④
	《大戴礼记》	2	①
	《盐铁论》	3	①⑤
	《说苑》	9	①②⑥
	《论衡》	43	①③④⑥
	《新序》	5	①
	《淮南子》	2	①
魏晋南北朝	《后汉书》	13	①②⑤
	《水经注》	2	①
	《三国志》	22	①②⑤
	《宋书》	8	①②
	《魏书》	40	①②⑤
唐五代	《隋书》	17	①
	《晋书》	40	①②③
	《旧唐书》	49	①②
宋代	《欧阳修集》	113	①②⑥
	《新唐书》	8	①
	《云笈七签》	28	①②⑤
	《资治通鉴》	93	①②③⑤
元明清民国	《明史》	18	①③④
	《元史》	15	①⑤
	《红楼梦》	216	①②③
	《清史稿》	67	①③④

从表4-18中可以看出"如何"的6个义项，义项①使用频次最高，明清之前多用于疑问句句尾表示询问意见；明清时期多用作疑问代词，做宾语、定语、状语。义项①出现在每一种有"如何"的典籍文献中，这样高频率使用

也使得这一义项成为现代汉语中"如何"的唯一义项。在《现汉》中,"如何"作为疑问代词,指的是"怎么;怎么样"。

表4-19 "何如""如何"共现的书证、频次对比

时代	书证	频次 何如	频次 如何
春秋战国	《论语》	20	1
春秋战国	《孟子》	14	5
春秋战国	《管子》	12	1
春秋战国	《荀子》	10	1
春秋战国	《庄子》	6	1
春秋战国	《春秋左传》	14	4
汉代	《史记》	52	10
汉代	《汉书》	34	9
汉代	《大戴礼记》	8	2
汉代	《盐铁论》	1	3
汉代	《说苑》	22	9
汉代	《论衡》	11	43
汉代	《新序》	6	5
汉代	《淮南子》	7	2
魏晋南北朝	《后汉书》	34	13
魏晋南北朝	《水经注》	1	2
魏晋南北朝	《三国志》	27	22
魏晋南北朝	《宋书》	17	8
魏晋南北朝	《魏书》	25	40
唐五代	《隋书》	12	17
唐五代	《晋书》	63	40
唐五代	《旧唐书》	41	49
宋代	《欧阳修集》	25	113
宋代	《新唐书》	37	8
宋代	《云笈七签》	4	28
宋代	《资治通鉴》	211	93

续表

时代	书证	频次 何如	频次 如何
元明清民国	《明史》	54	18
	《元史》	34	15
	《红楼梦》	20	216
	《清史稿》	44	67
合计		866	845

通过对比"何如"与"如何"同时出现在典籍中的频次（表4-19），可以看出在春秋战国时期，"何如"的使用频次高于"如何"，到了汉代"如何"出现频次逐渐增多，到了魏晋南北朝时期"如何"已经和"何如"使用的频次差不多了。虽然在义项上有部分重叠，但是因为"何如"与"如何"也有不同的义项和用法，所以两词都进入了现代汉语中。"如何"义项①的使用频率远高于其他义项，此义项也就成为它保留到现在的义项。"何如"则保留了3个义项。搜索北京语言大学BBC（北京语言大学语料库中心）中的报刊语料（截至2022年1月），"如何"有179258条结果，"何如"只有405条结果。报刊语言相对于其他语料，更多地保留了古汉语词汇中的词语。通过这个搜索结果可以看出，"何如"在现代汉语中已经远远不及"如何"常用了。

10. 名利—利名

"名利"和"利名"这一组同素异序词出现时期不同。"名利"首见于战国时期。

故曰礼义成君子，君子未必须礼义，名利治小人，小人不可无名利。(《尹文子·大道上》)

"名利"指的是名位与利禄、名声与利益。例如：

召公、吕望仁知且不蔽，故能持周公而名利福禄与周公齐。(《荀子·解蔽》)

斯有功利之名，进而治国济民，则名利在所先，故先名实者为人。(《孟子·告子下》)

恃与国，幸名利，如此者，人之所制也。(《管子·枢言》)

故曰："名利之所凑，则民道之。"(《商君书·算地》)

系累名利场。鸳骏同一辀。(阮籍《咏怀诗》其二十八)

名利充天下，不足以概志，故廉而能乐，静而能澹。(《淮南子·诠言训》)

人情所徇，名利从之，于是文者衍其辞，讷者赞其旨。(《资治通鉴·晋纪》)

握素披黄，吟道咏德，苦辛无益者如日蚀，逸乐名利者如秋荼，岂得同年而语矣。(《颜氏家训·勉学》)

其有进趣名利，皆不与交通。(《后汉书·种暠传》)

好慕名利，颇为深文，所经之处，人号天狗下。(《魏书·羊祉传》)

威立性朋党，好为异端，怀挟诡道，徼幸名利，诋诃律令，谤讪台省。(《隋书·苏威传》)

二叟隐德容身，不求名利，避远乱害，安于贱役。（《史通·内篇·浮词》）

已而名利不出于清修，所趋多归于人事，其小者苟求取得，一变而至阿私。（《通典·选举》）

惟名利之都府兮，羌众人之所驰。（韩愈《复志赋》）

人情所殉，笃夫名利。（《晋书·裴頠传》）

若未发时，美色、名利皆未相着，何以便知其有所偏倚？（《传习录》上）

扫除身外闲名利，师友书中古圣贤。（陆游《出游》）

义所在，毅然必为，于富贵名利泊如也。（《明史·罗伦传》）

狡吏贪夫，藉以希图名利，流弊实多。（《清史稿·兵四》）

世间事惟名利最重。（《西游记》第四十八回）

"利名"出现时间晚于"名利"，在汉代，语义与"名利"相同，二者基本可以互换。例如：

故君子羞言利名，言利名尚羞之，况居而求利者也。（《说苑·贵德》）

佞人贪利名之显，君子不安。（《论衡·答佞篇》）

吾平生出处皆内断于心，浮世利名如蟻蠓过前，何足道哉！（《宋史·胡安国传》）

不曰事例钱，而以市利名之者……（《文献通考·征榷

考一》）

只为人役役于不可必之利名，故本原固有者，日加昏蔽，岂不可惜！（《朱子语类·训门人六》）

往来人，只轮双桨，尽是利名客。（柳永《归朝欢·别岸扁舟三两只》）

谁知狗儿利名心重，听如此说，心下便有些活动。（《红楼梦》第六回）

及至后边风云际会，超出泥涂，终日在仕宦途中、冠裳里面驰逐富贵，奔驱利名。（《二刻拍案惊奇》卷四）

学者唯利名之念为害最大。（《清史稿·李图南传》）

从语义上看，"利名"与"名利"都只有一个义项，且完全重合，在使用时可以互换，比如"名利场""利名场"都出现过。按照语言的经济性原则，两词语义语用完全相同，在发展的过程中必然会淘汰一个。两者共现书证及使用频次见下表：

表4-20 "利名""名利"共现的书证、频次对比

时代	书证	频次 名利	频次 利名
春秋战国	《管子》	3	0
春秋战国	《荀子》	2	0
春秋战国	《商君书》	3	0
汉代	《说苑》	1	2
汉代	《淮南子》	2	0
汉代	《伤寒论》	1	0
汉代	《论衡》	0	1

续表

时代	书证	频次 名利	频次 利名
魏晋南北朝	《后汉书》	1	0
	《水经注》	1	0
	《颜氏家训》	2	0
	《魏书》	1	0
唐五代	《隋书》	1	0
	《晋书》	4	0
	《旧唐书》	4	0
	《全唐文》	80	2
	《通典》	1	0
	《艺文类聚》	0	1
宋代	《欧阳修集》	2	1
	《新唐书》	2	0
	《资治通鉴》	3	0
	《太平御览》	14	0
	《朱子语类》	4	1
元明清民国	《明史》	1	0
	《传习录》	3	0
	《西游记》	3	1
	《水浒传》	1	0
	《红楼梦》	4	1
	《围炉夜话》	1	0
	《清史稿》	2	1
	《菜根谭》	1	0
合计		148	11

从表4-20看出,"名利"的使用频次一直多于"利名",到了现代,"名利"胜出也就顺理成章了。

11. 埋葬—葬埋

"葬埋"最早出现在周晚期的文献中,如《周礼·地官·族师》:"以役国事,以相葬埋。"意思是"人死后葬入土中"。这也是"葬埋"唯一的义项,之后在各时期文献中出现的也是此义项。例如:

凡缘而往埋之,反无哭泣之节,无衰麻之服,无亲疏月数之等,各反其平,各复其始,已葬埋,若无丧者而止,夫是之谓至辱。《荀子·礼论》)

是故退睹其友,饥即不食,寒即不衣,疾病不侍养,死丧不葬埋。(《墨子·兼爱下》)

遣光禄大夫博士嘉等十一人行举濒河之郡水所毁伤困乏不能自存者,财振贷。其为水所流压死,不能自葬,令郡国给槥椟葬埋。(《汉书·成帝纪》)

然而葬埋之日,不见所讳,无忌之故也。(《论衡·讥日篇》)

己亥,诏曰:"自今京师及天下之囚,罪未分判,在狱致死无近亲者,公给衣衾棺椟葬埋之,不得曝露。"(《魏书·高祖纪》)

娥语曰:"伯文!我一日误为所召,今得遣归,既不知道,不能独行,为我得一伴否?又我见召在此,已十余日,形体又为家人所葬埋,归,当那得自出?"(《搜神记·李娥》)

兆域内禁人无得葬埋,古坟则不毁。(《唐六典·诸

陵署》)

张氏道:"喜者,如今朝廷册立东宫,郊天大赦;忧则不想你爹爹病死在这里,你姑夫又没了,姑娘守寡,这里住着不是常法,如今只得和你打发你爹爹灵柩回去,葬埋乡井,也是好处。"(《金瓶梅》第八十八回)

刘奇细细泣诉前因,又道:"某故乡已无处容身,今复携骸骨而来,欲求一搭余地葬埋,就拜公公为,依傍于此,朝夕奉侍,不知尊意允否?"(《醒世恒言》第十卷)

那本寺僧人已葬埋了那老和尚,都在方丈里伏侍唐僧。(《西游记》第十七回)

难女将丫环葬埋之后,夜间不知何故,昏迷不醒,天光将亮时,睁目一看,窗门大开,所有金银衣物一概失去。(《三剑侠》第五回)

"埋葬"出现时间晚于"葬埋",到西晋时期才出现。《三国志·魏书·高柔传》:"子文于是叩头,具首杀礼本末,埋葬处所。""埋葬"的语义和用法与"葬埋"相同,例如:

野田何纷纷,城郭何落落。埋葬嫁娶家,皆是商旅客。(应璩《百一诗》)

二十三年十二月三日敕:诸陵使至先立封,封内有旧坟墓。不可移改。自今以后,不得更有埋葬。(《唐会要》卷二十一)

您爷呵，休想道是安康，稳情取无人埋葬。(《看钱奴买怨家债主》)

焚化纸钱，那小厮悲恸，自不必说。就抬到屋后空地埋葬好了。(《醒世恒言》第十卷)

话说尤三姐自尽之后，尤老娘和二姐儿，贾珍，贾琏等俱不胜悲恸，自不必说，忙令人盛殓，送往城外埋葬。(《红楼梦》第六十七回)

表4-21　"埋葬""葬埋"共现的书证、频次对比

时代	书证	频次 葬埋	频次 埋葬
宋	《太平广记》	2	108
元	《全元曲》	5	16
明	《元史》	1	0
明	《醒世恒言》	1	8
明	《包公案》	4	5
明	《金瓶梅》	10	5
清	《剑侠奇中奇全传》	0	2
清	《俗话倾谈》	1	3
清	《宋会要辑稿》	10	9
合计		34	156

通过表4-21可以看出，"埋葬"虽然出现时间较晚，但后来者居上，从宋代开始在使用频次上已经高于"葬埋"。到了近现代，"葬埋"已经很少出现了，"埋葬"又引申出消灭、掩盖等义，使用范围拓宽了，出现频率也更高了。例如鲁迅《南腔北调集·"连环图画"辩护》："话还没有说完，就埋葬在一阵哄笑里了。" 老舍《新时代的旧悲剧》：

"倒退十年,她一定是个漂亮的小媳妇。现在还不难看,皮肤很细,可是她的白胖把青春埋葬了,只是富泰,而没有美的诱力了。"所以最终,后出现的"埋葬"代替了"葬埋",除了原有的掩埋尸体之义外,又引申出消灭、掩藏之义,继续活跃在现代汉语中。

12. 人民—民人

"人民"和"民人"这一组同素异序词早在《诗经》里就出现了,都指普通的百姓。

质尔人民,谨尔侯度,用戒不虞。(《诗经·大雅·抑》)

人有土田,女反有之。人有民人,女覆夺之。(《诗经·大雅·瞻卬》)

"人民"有两个义项,义项①指百姓、平民。

内宰,掌书版图之法,以治王内之政令,均其稍食。分其人民以居之。(《周礼·天官冢宰》)

故先会鬼神魑魅,次达八方人民,末聚禽兽虫蛾。(《列子·皇帝》)

上好富,则人民之行如此,安得不乱!(《荀子·大略》)

苞人民,殴牛马,曰侵。(《谷梁传·隐公五年》)

夫国城大而田野浅狭者,其野不足以养其民。城域大而人民寡者,其民不足以守其城。(《管子·八观》)

衍请受甲二十万,为君攻之,虏其人民,系其牛马,使其君内热发于背。(《庄子·则阳》)

有道之君，外无怨仇于邻敌，而内有德泽于人民。(《韩非子·解老》)

雪霜雨露时，则万物育矣，人民修矣，疾病妖厉去矣。(《吕氏春秋·开春论》)

诸侯之宝三：土地、人民、政事。宝珠玉者，殃必及身。(《孟子·尽心下》)

昔者昊英之世，以伐木杀兽，人民少而木兽多。(《商君书·画策》)

人民为善，爱其主上，此亦有益也。(《论衡·非韩篇》)

吾土地非益广也，人民非益众也，入何以三倍？(《淮南子·人间训》)

禹贡九州，各因其土地所宜，人民所多少而纳职焉。(《史记·平准书》)

朕既不德，上帝神明未歆飨也，天下人民未有惬志。(《汉书·文帝纪》)

且君亲从臣而胜降城，城非不高也，人民非不众也，然而可得并者，政恶故也。(《战国策·魏策》)

一家聚众，或至千余人，大抵尽收放流人民也。(《盐铁论·复古》)

其人民让为士大夫，其士大夫让为公卿，然则此其君亦让以天下而不居矣。(《说苑·君道》)

宛，大郡之都也，连城数十，人民众，蓄积多。(《新

序·善谋》）

于是有裨海环之，人民禽兽莫能相通者，如一区中者，乃为一州。（《法言义疏·问道卷》）

昔者先王之训天下也，莫不导以《诗书》，教以《礼》《乐》，移其风俗，和其人民。（《魏书·常爽传》）

其人民皆长大平正，有类中国，故谓之大秦。（《后汉书·西域传》）

因乎人民，用之邦国，宫室有度，旗章有序。（《晋书·食货》）

司徒掌邦之土地之图，与其人民之教，以佐王扰邦国。（《隋书·经籍志》）

陛下忧勤于上，人民愁叹于下。（《宋史·食货下》）

立宪国之有议院，所以代表民情，议员多由人民公举。（《清史稿·选举八》）

九月中旬入钵和国……人民服饰，惟有毡衣。（《洛阳伽蓝记·城北》）

府尹把高俅断了二十脊杖，迭配出界发放，东京城里人民不许容他在家宿食。（《水浒传》第二回）

义项②泛指人类。例如：

知天下鸟兽言语，土地上人民所道，知百谷可食，草木咸苦，名曰"圣"。（《神异经·西南荒经》）

昔宇宙初开之时，只有女娲兄妹二人在昆仑山，而天下未有人民。（《独异志》）

247

人民之于鬼物，惟独与他（活无常）最为稔熟，也最为亲密。（《朝花夕拾·无常》）

表4-22 "人民"出现的书证、频次及使用义项

时代	书证	频次	使用义项
夏商周	《周礼》	10	①
春秋战国	《孟子》	1	①
	《诗经》	1	①
	《管子》	6	①②
	《墨子》	20	①
	《荀子》	2	①
	《庄子》	1	①
	《韩非子》	5	①
汉代	《史记》	37	①②
	《大戴礼记》	5	①
	《汉书》	58	①②
	《盐铁论》	3	①②
	《说苑》	4	①
	《战国策》	2	①
	《新序》	1	①
	《淮南子》	5	①②
	《新书》	5	①②
魏晋南北朝	《后汉书》	9	①
	《水经注》	4	①②
	《三国志》	18	①
	《宋书》	13	①②
	《魏书》	9	①
唐五代	《隋书》	10	①②
	《晋书》	2	①
	《旧唐书》	2	①
宋代	《欧阳修集》	17	①
	《新唐书》	3	①
	《资治通鉴》	44	①

续表

时代	书证	频次	使用义项
元明清民国	《明史》	63	①
	《金史》	26	①②
	《西游记》	2	①
	《清史稿》	157	①②

"民人"只有普通的百姓这一个义项,例如:

掌乡合州、党、族、闾、比之联,与其民人之什伍,使之相安相受。(《周礼·秋官司寇》)

子路曰:"有民人焉,有社稷焉,何必读书,然后为学?"(《论语·先进篇》)

礼,经国家,定社稷,序民人,利后嗣者也。(《春秋左传·隐公十一年》)

民人用之,其身多殃;主上用之,其国危亡。(《韩非子·扬权》)

民人怨谤,又树大雠。(《吕氏春秋·仲春纪》)

九疑之南,陆事寡而水事众,于是民人被发文身,以像鳞虫。(《淮南子·原道训》)

使上世下世民,人无有异,则百岁之间足以卜筮。(《论衡·齐世篇》)

召公卒,而民人思召公之政,怀棠树不敢伐,哥咏之,作《甘棠》之诗。(《史记·燕召公世家》)

习俗薄恶,民人抵冒。(《汉书·礼乐志》)

249

且自天地之辟,民人之治,为人臣之功者,谁有厚于安平君者哉?(《战国策·齐策》)

妾闻明君之莅国也,不损禄而加刑,又不以私恚害公法,不为六畜伤民人,不为野草伤禾苗。(《列女传·辩通传》)

郑国土地民人,山居谷浴,男女错杂,为郑声以相诱悦怪,故邪僻声皆淫色之声也。(《法言义疏·吾子卷》)

岁旱饥,发粟赈济,民人不流徙。(《新唐书·狄兼谟传》)

安可取民人膏血之利,辍军国急难之备。(范仲淹《上执政书》)

及君为乃蛮所倾覆,我遣四将夺还尔民人,重立尔国家。此大有功于君四也。(《元史·太祖本纪》)

凡内地民人,贩鸦片食鸦片者,皆应处死。(林则徐、邓廷桢、怡良会《拟谕英吉利国主檄》)

表4-23 "民人"出现的书证及频次

时代	书证	频次
西周	《周礼》	1
春秋战国	《孟子》	1
	《论语》	1
	《诗经》	2
	《管子》	6
	《国语》	3
	《墨子》	3
	《荀子》	1
	《庄子》	2
	《韩非子》	5

续表

时代	书证	频次
汉代	《史记》	15
	《汉书》	22
	《盐铁论》	5
	《说苑》	2
	《战国策》	1
	《列女传》	2
	《淮南子》	1
	《新书》	4
魏晋南北朝	《后汉书》	6
	《水经注》	4
魏晋南北朝	《三国志》	16
	《宋书》	17
	《魏书》	7
唐五代	《法苑珠林》	1
	《帝范》	2
宋代	《欧阳修集》	6
	《新唐书》	5
	《资治通鉴》	17
元明清民国	《明史》	6
	《金史》	6
	《西游记》	1
	《清史稿》	101

表4-24 "人民""民人"共现的书证、频次对比

时代	书证	频次 人民	频次 民人
西周	《周礼》	10	1
春秋战国	《孟子》	1	1
	《论语》	0	1
	《诗经》	1	2
	《管子》	6	6
	《国语》	0	3

续表

时代	书证	频次 人民	频次 民人
春秋战国	《墨子》	20	3
春秋战国	《荀子》	2	1
春秋战国	《庄子》	1	2
春秋战国	《韩非子》	5	5
汉代	《史记》	37	15
汉代	《大戴礼记》	5	0
汉代	《汉书》	58	22
汉代	《盐铁论》	3	5
汉代	《说苑》	4	2
汉代	《战国策》	2	1
汉代	《淮南子》	5	1
汉代	《新书》	5	4
魏晋南北朝	《后汉书》	9	6
魏晋南北朝	《水经注》	4	4
魏晋南北朝	《三国志》	18	16
魏晋南北朝	《宋书》	13	17
魏晋南北朝	《魏书》	9	7
唐五代	《隋书》	10	0
唐五代	《晋书》	2	0
唐五代	《旧唐书》	2	0
宋代	《欧阳修集》	17	6
宋代	《新唐书》	3	5
宋代	《资治通鉴》	44	17
元明清民国	《明史》	63	6
元明清民国	《金史》	26	6
元明清民国	《清史稿》	157	101
合计		542	266

从表4-24看，在出现频率上，"人民"略多于"民人"；从表4-22和表4-23看，在语义上，"人民"有两个义

项,而"民人"只有一个义项,且与"人民"的义项基本重合。频次上不占优势,义项上与"人民"重合,没有不可替代性,所以发展到现代"民人"完全被"人民"取代也就顺理成章了。在《现汉》中,"人民"解释为"以劳动群众为主体的社会基本成员",是"百姓"义项的发展。

13. 威武—武威

"武威"和"威武"都首见于春秋战国时期的文献,两词词义、用法有相同之处,也有差别。"武威"有两个义项,义项①是指军事威力。

言举非义兵,诛罚失当,故君之武威将见慢黩顿弊也。(《国语·周语中》)

武威既明,令不再行。(《管子·版法》)

武威旁畅,振动四极,禽灭六王。(《史记·秦始皇本纪》)

致慈爱之心,立武威之战,以毕其众……(《说苑·指武》)

救日蚀,文武官皆免冠着帻,对朝服,示武威也。(《晋书·舆服志》)

翼亮贞文德,丕承戢武威。(杜甫《重经昭陵》)

义项②是古代将军的名号。

西南夷寇益州郡,遣武威将军刘尚讨之。(《后汉书·光武帝纪》)

族亚齐安陆，风高汉武威。（李商隐《少将》）

李商隐《少将》诗里的"武威"指武威将军刘尚。

"威武"有3个义项，义项①指的是权势，例如：

富贵不能淫，贫贱不能移，威武不能屈。此之谓大丈夫。（《孟子·滕文公下》）

法度废而不复用，威武绝而不复行。（《春秋繁露·王道》）

此皆王者服御崇饰，所以示威武。（《史记·礼书》）

如罗不补，威武诎折不信，则诸侯不朝，郑遂叛，夷狄内侵，卫迁于商丘。（《说苑·敬慎》）

凡中宫无节，政教乱逆，威武衰微，则此三星以应之也。（《后汉书·郎顗传》）

我主上仁圣威武，神明响应，顺附者无不加恩，负固者然后致讨。（《明史·明昇》）

义项②指军威、武力，例如：

振旅阗阗，出为治兵，尚威武也。入为振旅，反尊卑也。（《尔雅·释天》）

教之以道，导之以德而不听，则临之以威武；临之威武而不从，则制之以兵革。（《淮南子·兵略训》）

诏遣长罗侯将张掖、酒泉骑出车师北千余里，扬威武车师旁。（《汉书·西域传下·车师国》）

（王莽）又驱诸犷兽虎、豹、犀、象、之属，以助威武。

(《水经注·汝水》)

乃急令暴条以扰之，严刑峻法以临之，甲兵威武以董之，自是海内骚然，无聊生矣。(《隋书·炀帝纪》)

卢从史内蕴私邪，外张威武，荧惑天听，逗留王师。(元稹《代谕淮西书》)

始，突厥郁射设入居五原，道宗逐出之，震耀威武，斥地赢千里。(《新唐书·李道宗传》)

始知服诸侯，威武不及仁。(高启《干将墓》)

库中所藏，其中振扬威武，建立肤功者，具载历朝实录，班班可考。(《清史稿·舆服三》)

义项③指勇壮，有威风或气派，有气势，例如：

以高皇帝之明圣威武也，既抚天下，即天子之位，而大臣为逆者，乃几十发。(《新书·制不定》)

愿陛下选将帅中威武有谋、敦庞多福、克荷功名者，授宸算，付锐兵，俾往征之。(《玉壶清话》卷一)

人人都说："大家子住大房。"昨儿见了老太太正房，配上大箱、大柜、大桌子、大床，果然威武。(《红楼梦》第四十回)

表4-25　"威武"出现的书证、频次及使用义项

时代	书证	频次	使用义项
春秋战国	《孟子》	1	①
	《尔雅》	1	②
	《国语》	2	①②

续表

时代	书证	频次	使用义项
汉代	《史记》	2	①③
	《汉书》	13	①②③
	《盐铁论》	1	②
	《说苑》	1	①
	《春秋繁露》	3	①②
	《淮南子》	1	②
	《新书》	1	③
	《法言》	1	①
魏晋南北朝	《后汉书》	10	①②③
	《水经注》	1	②
	《三国志》	4	①②③
	《宋书》	6	①②③
	《魏书》	8	①②③
唐五代	《隋书》	5	②
	《代谕淮西书》	1	②
	《晋书》	11	①②③
	《旧唐书》	7	①②③
	《全唐文》	77	①②③
宋代	《欧阳修集》	1	②
	《新唐书》	4	①②
	《资治通鉴》	13	①②③
	《太平御览》	22	①②③
	《三朝北盟汇编》	4	①②③
	《玉壶清话》	1	③
元明清民国	《明史》	5	②③
	《金史》	2	②
	《拟卢子谅时兴》	1	①
	《红楼梦》	2	③
	《清史稿》	3	②

由表4-25可以看出,"威武"使用频次最多的是义项

②,义项①和义项③出现频次接近。到了《现汉》中,"威武"的三个义项合并为两个:一个是指"武力;权势",也就是原来的义项①和②;另一个是形容词,指"力量强大;有气势",也就是原来的义项③。由此可见,从古至今,"威武"的义项没有发生特别大的变化,基本保留了原来的语义。

表4-26 "武威""威武"共现的书证、频次对比

时代	书证	频次 威武	频次 武威
春秋战国	《孟子》	1	0
	《尔雅》	1	0
	《管子》	0	1
	《国语》	2	1
汉代	《史记》	2	1
	《汉书》	13	0
	《盐铁论》	1	1
	《说苑》	1	1
	《春秋繁露》	3	0
	《淮南子》	1	0
	《新书》	1	0
	《法言》	1	0
魏晋南北朝	《后汉书》	10	1
	《水经注》	1	0
	《三国志》	4	0
	《宋书》	6	1
	《魏书》	8	0
唐五代	《隋书》	5	0
	《代谕淮西书》	1	0
	《晋书》	11	1
	《旧唐书》	7	1
	《全唐文》	77	29

续表

时代	书证	频次 威武	频次 武威
宋代	《欧阳修集》	1	0
	《新唐书》	4	0
	《资治通鉴》	13	0
	《太平御览》	22	4
	《三朝北盟汇编》	4	0
	《玉壶清话》	1	0
元明清民国	《明史》	5	1
	《拟卢子谅时兴》	1	0
	《红楼梦》	2	0
	《清史稿》	3	0
合计		213	43

由表4-26可以看出"威武"出现频次非常高，"武威"出现频次较低。在义项上"武威"只有两个义项，其中一个义项与"威武"的义项②有部分重叠；另一个义项是专有名词，古代将军的名号，语义范围和用法相对受限。所以发展到一定阶段后，"武威"基本只保留了专有名词的用法。

14. 迁徙—徙迁

"迁徙"和"徙迁"都出现于春秋战国时期。"迁徙"较早的意思是变化、改变，记为义项①。

与时迁徙，与世偃仰。（《荀子·非相》）

是故卒伍政定于里，军旅政定于郊。内教既成，令不得迁徙。（《管子·小匡》）

是故卒伍整于里，军旅整于郊，内教既成，令勿使迁徙。

(《国语·齐语》)

（赵）高曰："盖闻圣人迁徙无常，就变而从时，见末而知本，观指而睹归。"(《史记·李斯传》)

故卒伍成于内，则军正定于外。服习以成，勿令迁徙，幼则同游，长则共事。(《汉纪·孝文皇帝纪下》)

同时，"迁徙"还指位置的改变，记为义项②，意思是从一处搬到另一处，这一义项也一直沿用到现在。

所致隆也，所致亲也，将举措之，迁徙之，离宫室而归丘陵也，先王恐其不文也，是以繇其期，足之日也。(《荀子·礼论》)

国土变改，民人迁徙，成帝时刘向略言其地分，丞相张禹使属颍川朱赣条其风俗，犹未宣究，故辑而论之，终其本末著于篇。(《汉书·地理志下》)

青、徐士庶避黄巾之难归虞者百余万口，皆收视温恤，为安立生业，流民皆忘其迁徙。(《后汉书·刘虞传》)

如此则内无屯聚仰给之费，而外无迁徙供亿之劳。(苏轼《策别·厚货财》)

家母等仍居北京，盖年事已老，习于安居，迁徙殊非所喜。(鲁迅《书信集·致李秉中》)

到了汉代，"迁徙"又增加了2个义项，一个是有了感情色彩的改变，指流放到边远地区，记为义项③。

陈涉瓮牖绳枢之子、氓隶之人而迁徙之徒也。(《史记·陈

涉世家》)

吏迁徙免罢,受其故官属所将监治送财物,夺爵为士伍,免之。(《汉书·景帝纪》)

另一个新增义项指抽象的位置变动,指官职升迁,记为义项④。

卜迁徙去官不去。(《史记·龟策传》)

每迁徙易官,所到辄出奇谲如此,以明示下为不可欺者。(《汉书·朱博传》)

上悉可,内外迁徙,数日间凡数十人,皆文靖平日所厚。(王巩《闻见近录》)

"徙迁"最早见于《国语·周语上》:"夫神壹,不远徙迁焉。"它只有一个义项,表示位置上的迁移,例如:

建安元年,献帝自长安东归,右贤王去卑与白波贼帅韩暹等侍卫天子,拒击李傕、郭汜。及车驾还洛阳,又徙迁许,然后归国。(《后汉书·南匈奴列传》)

曾祖在南,佐丽水县。卒又葬焉,世亦未显。祖令盐官,始葬富阳。凡三徙迁,遂家于杭。(欧阳修《谢涛墓志铭》)

夷狄居处饮食,随水草寒暑徙迁。(《新五代史·四夷附录一》)

表4-27 "迁徙"出现的书证、频次及使用义项

时代	书证	频次	使用义项
春秋战国	《管子》	3	①②
	《荀子》	3	①②

续表

时代	书证	频次	使用义项
汉代	《史记》	9	①②③④
	《汉书》	10	①②③④
	《大戴礼记》	1	②
	《列女传》	1	②
	《论衡》	4	③④
	《淮南子》	1	②
	《新书》	1	③
魏晋南北朝	《后汉书》	7	①②④
	《三国志》	1	①
	《昭明文选》	10	①②③
	《宋书》	3	①②
	《魏书》	11	①②
唐五代	《隋书》	4	①②
	《晋书》	6	①②③④
	《艺文类聚》	4	②③④
	《旧唐书》	10	①②④
宋代	《欧阳修集》	5	①②
	《新唐书》	9	①②④
	《太平广记》	2	①②
	《云笈七签》	2	①
	《资治通鉴》	18	①②④
元明清民国	《明史》	13	①②③④
	《元史》	10	①②③④
	《清史稿》	44	①②③
	《水浒传》	1	③
	《阅微草堂笔记》	2	①②
	《明儒学案》	1	①

表4-28 "徙迁"出现的书证及频次

时代	书证	频次
春秋战国	《国语》	1
汉代	《说苑》	1
魏晋南北朝	《后汉书》	1
	《魏书》	1
唐五代	《柳宗元集》	1
	《全唐文》	1
宋代	《欧阳修集》	2
	《新五代史》	1
元明清民国	《金史》	1
	《文献通考》	1
	《清史稿》	1

从表4-27、4-28可以看出，"迁徙"使用最多的义项是②，其次是义项①，而且"迁徙"在古代文献中出现的频次远高于"徙迁"。发展到现代，"迁徙"表示位置移动的义项②保留了下来，其他义项已不再使用。"徙迁"出现频次较少，义项单一且与"迁徙"的义项②重合，所以就逐渐消失了，现代汉语中已经不再使用。

第四节 同素异序词的演变机制

上古汉语出现的同素异序词经历中古、近代，再发展到现代，有的AB和BA两序都消亡了，有的AB和BA都保留下来了，更多的保留了两序中的一序。一组同素异序词为什么一个被淘汰，另一个却保留了下来？在上一节中，通过分析14组同素异序词的演变与发展，发现出现频次高、义项具有不可替代性是一个词能保留下来的重要指标。那么为什么一组同素异序词会有一个出现的频率更高？这背后是否有什么因素在起作用？关于这些问题，有一些学者已经进行了研究与探索，也有了一些研究成果。

决定并列式复音词语素顺序的因素，学者们认为大致有两个：声调和意义。从语音调序方面探究联合式复音词语素顺序的，如丁邦新的《〈论语〉、〈孟子〉及〈诗经〉中并列成分间的声调关系》（1975）、张博的《先秦并列式连用词序的制约机制》（1996）、鄂巧玲的《再谈并列双音词的字序》（2001）；从意义方面进行研究的，如张冈的《"调序说"异议》（1980）、程家枢等的《并列式复音复合名词的字序规律新探》（1989）等。作为并列式双音词中的一类，制约同素异序词的语素顺序的最主要因素也是声调和意义。正是因为受到语音语调、意义和其他因素的制约和影响，符合人们语言习惯的同素异序词中的某词使用的次数才会越来越多，出现的频次自然越高，而不经常使用的另一个就会逐渐被淘汰。下面从语音、语义和其他因素等方面来探讨同素异序词的发展淘汰机制。

董志翘曾在谈及同素异序词时认为，可能是由于语音平仄的关系，影响了复音词的字序。张巍在考察了中古和近代汉语250多对同素异序词的淘汰情况后得出结论："调序在同素逆序词淘汰的过程中的制约作用是相当明显的……只保留了AB式的，符合调序的居多，不合调序的较少。对于同调同素逆序词而言，声母的清浊是制约因素之一。一部分同调同素逆序词最终得以保留下来的AB式，清音语素在前，浊音语素在后。而被淘汰的BA式则相反，浊音在前，清音在后。"[①]总结起来，从语音上来讲，符合四声调序、符合声母清浊次序的词，则容易保留下来；不符合调序和清浊次序的词，则容易被淘汰。例如"威武"和"武威"，在中古音中，"威"是影母、微韵、平声，"武"是微母、麌韵、上声，按照先平后仄的顺序，"威武"是符合调序的，而被淘汰的"武威"不符合调序。再如"贵重"和"重贵"这一组，"贵重"是清音在前，浊音在后；"重贵"是浊音在前，清音在后。浊音相对于清音发音较为费力，所以清音在前更符合发音顺序。因此"贵重"被保留，"重贵"被淘汰。语音影响词序方面的研究比较充分，在此不再赘述。

声调决定词的字序已经是许多学者的共识，同时，意义对字序的制约作用也不容忽视。通过颠倒两个构词语素的次序，产生具有不同语义侧重的复音词，这种构词方式有着很强的构词功能。这样在意义上存在着明显的差别的同素异

---

① 张巍. 中古汉语同素逆序词演变研究[M]. 上海：上海古籍出版社，2010：162-163.

序词，因为语义的不可替代性，往往会同时保留下来，比如"私自"和"自私"，又如"年少"和"少年"。

除了词的结构能决定词的意义，影响词的字序，民族文化意义也影响着词的字序和发展。民族文化的影响包含很多方面，这里主要从三个方面来探讨。

首先要提到的是等级制度。这一制度在中国延续了几千年，所以也体现在了汉语的词汇中。具体来说，如果两个词的概念有等级差别的话，要按照长幼尊卑来排列词的字序。例如"子父"和"父子"，"父子"一词的字序符合长幼顺序，因此保留下来，而不符合长幼顺序的"子父"则被淘汰了。

其次，从大到小的顺序。比如"战斗"和"斗战"，"战"一般是国家与国家、民族与民族之间的大规模的战争或斗争，"斗"则是两个人或几个人小规模的厮打，所以在规模上"战"远大于"斗"，"战斗"符合规模上由大到小的顺序，而"斗战"则不符合，所以"战斗"的使用频率远高于"斗战"。再如"国家"和"家国"、"长短"和"短长"，这两组同素异序词前者都符合从大到小的顺序，后者都不符合，所以前者胜出。

最后，还有合乎人类认知的从上到下、从轻到重的顺序。例如"沐浴"是从洗头到洗身体，符合从上到下的顺序，而"浴沐"不符合。再如"疾病"一词，"疾"是一般的病,"病"则是更严重的病,"疾病"一词符合病情由轻到重的顺序,而"病疾"则不符合,所以前者保留,后者就逐渐被取代了。

  总而言之,同素异序词在发展的过程中是最终保留下来还是只能昙花一现,影响因素是多方面的,但是主要因素一是语音,尤其是声调,合乎四声顺序和清浊次序的则容易被人经常使用,从而得到保留。二是意义,包括词的结构意义和民族文化心理意义,合乎这一原则的词语留下的概率较大,背离这一原则的则被淘汰的概率较大。

总　　结

本书以从《说苑》中整理出的2951个复音词为主要研究对象，在对这些词语进行全面系统分析之后，对《说苑》一书复音词的情况有了较为清晰且深刻的认识。

一、《说苑》复音词概貌

确定复音词需要有一个标准，这也是进行复音词研究的前提。对这个问题，学术界有不同的看法和标准。在综合了各家的判定复音词原则之后，本书确定了意义优先，兼顾语法、频次、修辞三要素的原则。按照词汇意义、语法结构、出现频率、修辞手法这四个基本标准，《说苑》全书共切分出3703个复音词，除去三音节及以上的复音词以及人名、地名、星宿等，剩余2951个复音词，论文主要的研究对象便是这2951个复音词。

《说苑》中的复音词，语音构词有96个，占全部复音词的3.2%；合成词有2801个，占全部复音词的94.9%，处于绝对优势；还有其他类型的54个，占比1.8%。

在合成词的几种构词方式中，联合式有1579个，占53.5%，是最多的。在联合式复音词中，同义联合词占据首位。这是因为同义的两个语素在语义上有关联性，有语义交集，容易组合到一起构成新词。与先秦时期相比，两汉时期联合式复音词的特点是：诸多同义类聚出现，同一个意义可以用不同的复音词来表达；与此同时，相当数量的活跃语素形成。同义类聚的出现和活跃语素的形成是相辅相成的，这两者进一步推动了汉语词汇双音化的进程。

偏正式复音词有977个，占到了全部复音词的33.1%。与先秦相比，《说苑》中偏正式复音词偏语素与正语素的意义和类型更加多样化，一大批构词能力较强的词根出现，例如"X+事""X+人""X+气"等。

支配式复音词有84个，与先秦相比数量增多，词性分布扩大，但词汇化程度还不高。

主谓式复音词有20个，数量较少，词性分布上只有名词、动词、形容词三类。虽然构词模式简单，但也出现了"自+X"这一能产性较高的模式。主谓式因为受到句法语义限制，不容易成词，这种状况一直持续到现在。

动补式复音词还不是很多，基本上都是动词，但动补结构在书中出现频率不低，这些形式为后来动补式复音词的大量出现打下了基础。

附加式复音词继承先秦的词缀比较多,但在汉代更加能产。新生的词缀比较少,但是新生的词缀能产性较强,比较活跃。

重叠式复音词有一部分是对先秦时期词汇的继承,但是也有了新的发展,出现了一些新的重叠式,还出现了双音节的重叠。重叠式复音词主要是形容词,也有少量数词和量词。

综合式复音词在数量上有所增加,形式上以三音节为主。

整体而言,《说苑》中复音词语音构词占比较小,语法构词占大多数。联合式、偏正式、支配式、主谓式、动补式、附加式、重叠式、综合式等几种结构的复音词与先秦相比有了新的特点与发展趋势。

二、《说苑》中复音词的新词新义

新词和新义应该是两个不同的概念范畴,本书以《汉语大词典》所收词条作为主要依据,同时以具有代表性的先秦、西汉文献作为主要参照进行检索。《说苑》中出现的复音词,在《说苑》之前的语料中未曾出现的,被定为新词。《说苑》中出现的复音词,在《说苑》之前的语料中已出现,但在《说苑》中出现的义项在之前的语料中未出现,且《说苑》中使用的义项与原义项在语义上没有任何关联,也确定为新词。一个复音词，在《说苑》中出现的义项在之前的语料中未出现，但已有至少一个义项早于《说苑》出现，且《说苑》中使用的义项与原义项在语义上有关联，则确定为新义。

按照上述标准，《说苑》一书共确定562个新词，82个新义。其中双音节新词共521个：联合式213个，占41%；偏正式177个，占34%；动宾式73个，占14%；主谓式、动补式、重叠式、附加式的数量较少，一共有58个，占11%。可以看出，在这一时期，联合式复音词和偏正式复音词是新词的主要构成方式。

新词新义产生的原因有语言内部原因和社会外部原因两种。新词产生的途径主要有三种：第一种是复音词构成成分直接固化为新词，第二种是在原有词的基础上通过类推法构成新词，第三种是通过改造原有词的形式构成新词。其中，第一种复音词构成成分直接固化为新词的方式是最主要的新词产生途径。新义的产生途径主要是隐喻和转喻。

三、《说苑》中的同素异序词

在现有的古代汉语同素异序词的研究成果中，共时的描写较为普遍，历时的溯源演变研究则相对不足。本书主要从历时角度探究同素异序词的演变。在对《说苑》一书进行穷尽式检索后，本书遴选出同素异序词46组，其中AB、BA两序都出现的有30组，只有BA一组出现的有16组。本书以这46组词为主要考察对象，按照结构与语义关系，将这46组同素异序词分为四类：一是结构相同，语义语用基本相同；二是结构相同，语义语用略有差别；三是结构不同，语义语用基本相同；四是结构不同，语义语用不同。其中第三类的数量最少，第二类的数量最多。

本书选取了有代表性的14组同素异序词，对它们的演变进行了个案分析，也就是按照历时的顺序从一组同素异序词的产生，到各个时代其语义的发展、用法的变化，以及两词出现的书证、频次，一直到现代汉语中的留存情况，进行了较为详细的梳理和对比。这也是本书的创新之处。

通过个案研究，探讨了同素异序词的演变机制，得出的结论是：声调和意义在同素异序词的发展演变中起作用。从语音上来看，符合四声调序、声母清浊次序的词，就容易保留下来，反之则容易被淘汰。影响同素异序词演变的意义因素包括词汇意义和文化意义两方面，民族文化也影响着同素异序词的去留。

本书主要考察《说苑》一书中的复音词，目的是通过揭示该书复音词的特点与规律，管窥汉代复音词的全貌，从复音词的结构、新词新义、同素异序词几个方面进行了全面系统的探究。一方面，《说苑》复音词研究可以为词汇研究学界提供一份西汉中后期复音词词汇的参考；另一方面，也希望本书能为词汇研究乃至汉语史研究贡献一份力量。

不过一本专书的词汇毕竟有限，"如果仅仅根据某一专书的语料，就轻易判断某个词的意义和用法，是有很大的局限性"[①]。虽然本书尽力参考了同时代的其他语料，也进行了历时的比较，但因本人能力水平有限，书中还存在一些不足之处，比如《汉语大词典》中失收或晚收的词语没能一一列出；再如复音词的划分虽有一定的参考标准，但在具体操作时或多或少带有一定的主观性，划分出的复音词数量可能不够准确。同时要呈现汉代词汇的全貌，需要考察更多的同时代典籍语料，今后可将《说苑》词汇与刘向的其他作品如《新序》《列女传》词汇同时加以研究。此外在语言理论方面，也可以进行更深层次的探讨。

---

① 赵学清.从三部《诗经》词（辞）典谈专书词典的编纂问题——兼论专书词汇研究中的局限性[J].长安学术，2017（2）.

参考文献

[1] 司马迁. 史记 [M]. 北京：中华书局，1959.

[2] 刘向. 说苑 [M]. 上海：上海古籍出版社，1990.

[3] 桓宽. 盐铁论 [M]. 北京：中华书局，1992.

[4] 班固. 汉书 [M]. 北京：中华书局，2014.

[5] 许慎. 说文解字 [M]. 北京：中华书局，2013.

[6] 赵晔. 吴越春秋 [M]. 南京：江苏古籍出版社，1999.

[7] 范晔. 后汉书 [M]. 北京：中华书局，1965.

[8] 房玄龄. 晋书 [M]. 北京：中华书局，1974.

[9] 朱熹. 四书集注 [M]. 北京：商务印书馆，2016.

[10] 王念孙. 广雅疏证 [M]. 南京：江苏古籍出版社，1984.

[11] 段玉裁. 说文解字注 [M]. 北京：中华书局，2013.

[12] 阮元. 十三经注疏 [M]. 北京：中华书局，1980.

[13] 卢元骏.《说苑》今注今译 [M]. 台北：台湾商务印书馆，1979.

[14] 杨伯峻. 春秋左传注［M］. 北京：中华书局，1990.

[15] 周祖谟. 尔雅校笺［M］. 南京：江苏教育出版社，1984.

[16] 赵善诒. 说苑疏证［M］. 上海：华东师范大学出版社，1985.

[17] 王锳，王天海.说苑全译［M］. 贵阳：贵州人民出版社，1992.

[18] 何宁. 淮南子集释［M］. 北京：中华书局，1998.

[19] 程湘清. 先秦汉语研究［M］. 济南：山东教育出版社，1992.

[20] 程湘清. 两汉汉语研究［M］. 济南：山东教育出版社，1992.

[21] 陈光磊. 汉语词法论［M］. 上海：学林出版社，2001.

[22] 董秀芳. 汉语的词库与词法［M］. 北京：北京大学出版社，2004.

[23] 董志翘. 中古文献语言论集［M］. 成都：巴蜀书社，2000.

[24] 董志翘. 《入唐求法巡礼行记》词汇研究［M］. 北京：中国社会科学出版社，2000.

[25] 符淮青. 现代汉语词汇［M］. 北京：北京大学出版社，1985.

[26] 潘允中. 汉语词汇史概要［M］. 上海：上海古籍出版社，1989.

[27] 高小方,蒋来娣. 汉语史语料学[M]. 北京：高等教育出版社,2005.

[28] 何九盈,蒋绍愚. 古汉语词汇讲话[M]. 北京：北京出版社,1980.

[29] 葛本仪. 汉语词汇研究[M]. 济南：山东教育出版社,1985.

[30] 葛本仪主编. 汉语词汇学[M]. 济南：山东大学出版社,2003.

[31] 黄金贵. 古汉语同义词辨释论[M]. 上海：上海古籍出版社,2002.

[32] 韩陈其. 汉语词汇论稿[M]. 南京：江苏古籍出版社,2002.

[33] 蒋绍愚. 古汉语词汇纲要[M]. 北京：北京大学出版社,1989.

[34] 李宗江. 汉语常用词演变研究[M]. 上海：汉语大词典出版社,1999.

[35] 李仕春. 汉语构词法和造词法研究[M]. 北京：语文出版社,2011.

[36] L. R. 帕默尔. 语言学概论[M]. 李荣,王菊泉,周焕常,等译. 北京：商务印书馆,1983.

[37] 刘君惠. 扬雄方言研究[M]. 成都：巴蜀书社,1992.

[38] 刘志生. 东汉碑刻词汇研究[M]. 广州：暨南大学出版

社，2013.

[39] 毛远明．《左传》词汇研究［M］．重庆：西南师范大学出版社，1999.

[40] 马莲．《扬雄集》词汇研究［M］．北京：高等教育出版社，2011.

[41] 任学良．汉语造词法［M］．北京：中国社会科学出版社，1981.

[42] 商务印书馆编辑部．21世纪的中国语言学：二［M］．北京：商务印书馆，2006.

[43] 四川大学汉语史研究所．汉语史研究集刊：第二辑［M］．成都：巴蜀书社，2000.

[44] 宋永培．当代中国训诂学［M］．广州：广东教育出版社，2000.

[45] 宋永培．《说文》与上古汉语词义研究［M］．成都：巴蜀书社，2001.

[46] 苏新春．汉语词义学［M］．广州：广东教育出版社，1997.

[47] 苏宝荣，宋永培．古汉语词义简论［M］．石家庄：河北教育出版社，1987.

[48] 孙钦善．中国古文献学［M］．北京：北京大学出版社，2006.

[49] 石安石．语义论［M］．北京：商务印书馆，1993.

[50] 王力. 汉语史稿［M］. 北京：中华书局，1980.

[51] 王力. 汉语词汇史［M］. 北京：商务印书馆，1993.

[52] 王宁. 训诂学原理［M］. 北京：中国国际广播出版社，1996.

[53] 王云路. 词汇训诂论稿［M］. 北京：北京语言文化大学出版社，2002.

[54] 王云路，方一新. 中古汉语研究［M］. 北京：商务印书馆，2000.

[55] 汪维辉. 东汉—隋常用词演变研究［M］. 南京：南京大学出版社，2000.

[56] 汪维辉. 汉语词汇史新探［M］. 上海：上海人民出版社，2007.

[57] 伍宗文. 先秦汉语复音词研究［M］. 成都：巴蜀书社，2001.

[58] 向熹. 简明汉语史［M］. 北京：高等教育出版社，1993.

[59] 肖晓晖. 汉语并列双音词构词规律研究：以墨子语料为中心［M］. 北京：中国传媒大学出版社，2010.

[60] 徐建委. 《说苑》研究：以战国秦汉之间的文献累积与学术史为中心［M］. 北京：北京大学出版社，2011.

[61] 徐正考. 《论衡》同义词研究［M］. 北京：中国社会科学出版社，2004.

[62] 徐正考，王冰，李振东. 《论衡》词汇研究［M］. 长

277

春：吉林大学出版社，2014.

[63] 张联荣. 汉语词汇的流变［M］. 郑州：大象出版社，1997.

[64] 张能甫. 郑玄注释语言词汇研究［M］. 成都：巴蜀书社，2000.

[65] 张永言. 词汇学简论［M］. 上海：复旦大学出版社，2015.

[66] 张巍. 中古汉语同素逆序词演变研究［M］. 上海：上海古籍出版社，2010.

[67] 赵克勤. 古汉语词汇问题［M］. 郑州：中州书画社，1980.

[68] 赵学清. 《韩非子》同义词研究［M］. 北京：中国社会科学出版社，2004.

[69] 周生亚. 汉语词类史稿［M］. 北京：中国人民大学出版，2018.

[70] 周荐. 汉语词汇研究史纲［M］. 北京：语文出版社，1995.

[71] 周祖谟. 汉语词汇讲话［M］. 北京：人民教育出版社，1959.

[72] 朱德熙. 语法讲义［M］. 北京：商务印书馆，1982.

[73] 竺家宁. 汉语词汇学［M］. 台北：五南图书出版股份有限公司，1999.

[74] 朱庆之. 中古汉语研究：二［M］. 北京：商务印书馆，

2005.

[75] 朱星. 汉语词义简析［M］. 武汉：湖北人民出版社，1981.

[76] 柏丽洁. 《史记》词语考释几则［J］. 语文学刊（教育版），2008（3）.

[77] 陈树. 支配式双音节形容词的语素特点及构成方式［J］. 民俗典籍文字研究，2019（1）.

[78] 程湘清. 汉语发展规律初探［J］. 东岳论丛，1980（1）.

[79] 程湘清. 汉语史断代专书研究方法论［J］. 汉字文化，1991（2）.

[80] 陈爱文，于平. 并列式双音词的字序［J］. 中国语文，1979（2）.

[81] 曹廷玉. 近代汉语同素逆序同义词探析［J］. 暨南学报（哲学社会科学版），2000（5）.

[82] 曹先擢. 并列式同素异序同义词［J］. 中国语文，1979（6）.

[83] 盛九畴. 汉语由单音词渐变为复音词的发展规律［J］. 学术论坛，1983（5）.

[84] 丁勉哉. 同素词的结构形式和意义的关系［J］. 学术月刊，1957（2）.

[85] 丁国盛，彭聃龄. 汉语逆序词识别中整词与词素的关系［J］. 当代语言学，2006（1）.

[86] D．A．克鲁斯，榕培．原型理论与词汇语义学（上）［J］．外语与外语教学，1992（4）．

[87] 高守纲．词义和词的语法特点的相关性［J］．天津师范大学学报（社会科学版），1990（6）．

[88] 葛本仪，杨振兰．词义演变规律述略［J］．文史哲，1990（6）．

[89] 郭锐．词频与词的功能的相关性［J］．语文研究，2001（3）．

[90] 韩在均．同素同义逆序词在汉语韩语中的差异表现［J］．汉语学习，1999（3）．

[91] 洪丽娣．古代汉语中同素异序词的研究［J］．沈阳师范学院学报（社会科学版），1997（2）．

[92] 黄建宁．《太平经》中的同素异序词［J］．四川师范大学学报（哲学社会科学版），2001（1）．

[93] 洪丽娣．古代汉语中同素异序词的研究［J］．沈阳师范学院学报（社会科学版），1997（2）．

[94] 何耿镛．古代汉语单音词发展为复音词的转化组合［J］．厦门大学学报（哲学社会科学版），1992（1）．

[95] 黄金贵．论古汉语同义词的识同［J］．浙江大学学报（人文社会科学版），2002（1）．

[96] 黄易青．古汉语词义系统中的量变质变关系［J］．北京师范大学学报（社会科学版），1991（6）．

[97] 黄志强,杨剑桥. 论汉语词汇双音节化的原因[J]. 复旦学报(社会科学版),1990(1).

[98] 韩慧言. 汉语复音词实际义与字面义的关系[J]. 古汉语研究,1991(2).

[99] 蒋文钦,陈爱文. 关于并列结构固定词语的内部次序[J]. 中国语文,1982(4).

[100] 蒋绍愚. 关于汉语词汇系统及其发展变化的几点想法[J]. 中国语文,1989(1).

[101] 蒋绍愚. 古汉语词典的编纂和古汉语词汇的研究[J]. 湖北大学学报(哲学社会科学版),1989(5).

[102] 姜黎黎. 古代汉语同素异序词研究综述[J]. 江南大学学报(人文社会科学版),2009(3).

[103] 陆俭明. 关于词的兼类问题[J]. 中国语文,1994(1).

[104] 廖集玲. 论《韩非子》复音词[J]. 广西大学学报(哲学社会科学版),1991(4).

[105] 李晋霞,李宇明. 论词义的透明度[J]. 语言研究,2008(3).

[106] 李晋霞. 《现代汉语词典》的词义透明度考察[J]. 汉语学报,2011(3).

[107] 李向真. 关于汉语的基本词汇[J]. 中国语文,1953(10).

[108] 李宗江. "进"对"入"的历时替换[J]. 中国语文,

1997（3）.

[109] 梁晓虹. 简论佛教对汉语的影响［J］. 汉语学习，1992（6）.

[110] 柳士镇. 试论中古语法的历史地位［J］. 南京大学学报（哲学·人文科学·社会科学版），2001（5）.

[111] 刘叔新. 词语意义间的依赖关系［J］. 汉语学习，1992（5）.

[112] 马真. 先秦复音词初探［J］. 北京大学学报（哲学社会科学版），1980（5）.

[113] 皮鸿鸣. 汉语词汇双音化演变的性质和意义［J］. 古汉语研究，1992（1）.

[114] 任敏. 影响现代汉语双音复合词语义透明度的机制研究［J］. 河北师范大学学报（哲学社会科学版），2012（4）.

[115] 饶尚宽. 关于古汉语词义研究的几点反思［J］. 新疆师范大学学报（哲学社会科学版），1988（3）.

[116] 宋亚云. 古汉语词义衍生途径新说综论［J］. 语言研究，2005（1）.

[117] 苏宝荣. 古汉语特殊词序与原始思维心态［J］. 古汉语研究，1990（3）.

[118] 宋亚云. 古汉语词义衍生途径新说综论［J］. 语言研究，2005（1）.

[119] 石安石. 关于词义与概念［J］. 中国语文，1961（8）.

[120] 王春茂，彭聃龄. 合成词加工中的词频、词素频率及语义透明度［J］. 心理学报，1999（3）.

[121] 王力. 词和仂语的界限问题［J］. 中国语文，1953（15）.

[122] 王浩然. 古汉语单音同义词双音化问题初探［J］. 河南大学学报（社会科学版），1994（3）.

[123] 王启涛. 近五十年来的中古汉语词汇研究［J］. 四川师范大学学报（社会科学版），2003（1）.

[124] 王士元，涂又光. 语言变化的词汇透视［J］. 语言研究，1982（2）.

[125] 汪维辉. 汉语常用词演变研究的若干问题［J］. 南开语言学刊，2007（1）.

[126] 汪维辉. 《说苑》与西汉口语［J］. 汉语史研究集刊，2007（0）.

[127] 伍宗文. 先秦汉语中字序对换的双音词［J］. 汉语史研究集刊，2000（0）.

[128] 徐流. 论同义复词［J］. 古汉语研究，1990（4）.

[129] 徐正考，王冰. 两汉词汇语法史研究语料述论［J］. 南开语言学刊，2007（1）.

[130] 颜丽. 《说苑》对称代词研究［J］. 广东海洋大学学报，2007（2）.

[131] 杨奔. 汉语同素反序词源流初探［J］. 广西民族学院学报（哲学社会科学版），1999（3）.

[132] 朱文豪. 《说苑》心理动词的语法分析［J］. 科教文汇（上旬刊），2010（11）.

[133] 易熙吾. 汉语中的双音词（上）［J］. 中国语文，1954（28）.

[134] 易熙吾. 汉语中的双音词（下）［J］. 中国语文，1954（29）.

[135] 郑奠. 古汉语中字序对换的双音词［J］. 中国语文，1964（6）.

[136] 赵学清. 从三部《诗经》词（辞）典谈专书词典的编纂问题——兼论专书词汇研究中的局限性［J］. 长安学术，2017（2）.

[137] 赵振铎. 论先秦两汉汉语［J］. 古汉语研究，1994（3）.

[138] 张德鑫. 谈颠倒词［J］. 汉语学习，1995（6）.

[139] 张联荣. 词义引申中的遗传义素［J］. 北京大学学报（哲学社会科学版），1992（4）.

[140] 张联荣. 古代汉语词义变化的几个问题［J］. 古汉语研究，1997（4）.

[141] 张能甫. 东汉语料及同素异序的时代问题——对《东汉语料与词汇史研究刍议》的补说［J］. 古汉语研究，2000（3）.

[142] 张永言，汪维辉. 关于汉语词汇史研究的一点思考［J］. 中国语文，1995（6）.